妙法

明法門，見真性，
看佛陀以般若智慧滌淨凡塵

釋迦如來應化事蹟 卷三

企劃——柿子文化　重傳繪製——清・永瑆
撰文——黃健原（淼上源）

Image 5

妙法，名法門，見真性，看佛陀以般若智慧滌淨凡塵
：釋迦如來應化事蹟卷三

企　　劃　柿子文化
重傳繪製　清・永瑢
撰　　文　黃健原（淼上源）
封面設計　林淑慧
主　　編　劉信宏
總 編 輯　林許文二

出　　版　柿子文化事業有限公司
地　　址　11677 臺北市羅斯福路五段 158 號 2 樓
業務專線　（02）89314903#15
讀者專線　（02）89314903#9
傳　　真　（02）29319207
郵撥帳號　19822651 柿子文化事業有限公司
投稿信箱　editor@persimmonbooks.com.tw
服務信箱　service@persimmonbooks.com.tw

業務行政　鄭淑娟、陳顯中

初版一刷　2021 年 1 月
定　　價　新臺幣 399 元
I S B N　978-986-99768-2-4

國家圖書館出版品預行編目 (CIP) 資料

妙法，明法門，見真性，看佛陀以般若智慧滌淨凡塵：釋迦如來應化事蹟卷三 / 柿子文化企劃 ; 清・永瑢重撰繪製 ; 黃健原（淼上源）撰文 . -- 一版 . -- 臺北市 : 柿子文化 , 2021.1
面；　公分 . -- (Image ; 5)

ISBN 978-986-99768-2-4(平裝)
1. 釋迦牟尼 (Gautama Buddha, 560-480 B.C.) 2. 佛教傳記

229.1　　109021300

釋迦如來成道記

唐太原王勃撰

觀夫釋迦如來之垂跡也。淨法界身本無出沒。大悲願力。示現受生。洎兜率陀天。為護明菩薩。降迦毗羅國。號一切義成。金團天子選其家。自淨飯王為其父。玉象乘日。示來於大術胎中。金輪作王。創誕於無憂樹下。八十種隨形之妙好。粲若芬光。三十二大士之相儀。皎如圓月。四方而各行七步。九水而共沐一身。現優曇華。作師子吼。言胎分之已盡早證常身。為度生以還來。今垂化跡。於是還羈襁褓。示類嬰兒。為占相也。悲悵於阿私陀仙。往郊祠也。驚起於大自在廟。或為童子。或學聲聞。為講武也。箭塔箭井猶存。為捔力也。象跡象坑仍在。受欲樂於十歲。現遊觀於四門。樂沙門身。厭老病死。於是作瓶天子以驚覺。彰伎女之醜容。淨居天人以捧持。躍車匿而嚴駕。逾春城於八夜。棲雪嶺於六年。人辭愴戀主之心。馬舐落連珠之淚。揮寶刀而落紺髮。塔起天宮。將哀服以貿皮衣。形參山鹿。扣林仙之所得。了世定之非真。食麥食麻。降苦降樂。且瑤琴奏曲。必自中而曲成。佛果圓因。亦假中而果滿。由是擇其處也。過龍窟。浴其身也。入連河。示其食也。受難陀之乳糜。示其座也。受吉祥之茅草。以最後之勝體。詣菩提之道場。圓解脫之深因。登金剛之寶座。一百四十功德。不共二乘。八萬四千法門。高超十地。由是魔軍威懾於慈力。愁怖旋歸。媚女敗毒於定心。媸羸變質。於是堅牢地神踊躍而作證。虛空天子展轉而報知。類蓮華而出水。若桂月以懸空。光明洞徹。經七日受提謂之麨蜜。警以少小之言。垂一音授賈客之戒歸。賜與人天之福。既成佛已。觀所化緣。悲二仙而不遇雷音。喜五人而堪從法化。然以塵根昧劣。聖智淵深。順其法。則法不應根。順其根。則根不達法。莫不為愛河之長溺。緣痴樂之所盲。苟不利於當聞。仍假言而入滅。於是忉利帝釋。雲驅於三十三天。堪忍界主。霧擁於一十八梵。頭面作禮。致敬精專。請轉法輪。勸隨宜說。如來尋念。

善逝通規。順古佛之嘉謨。應群機之鄙欲。于時十方佛現。同興讚美之詞。一乘法分。共創塵勞之域。由是起道樹。詣鹿園。三月調根。五人得度。憍陳如悟慈尊之首唱。矧解標名。舍利弗逢馬勝以傳言。於途見諦。採菽氏繼踵以師事。率門屬以同歸。迦葉氏彙跡以降心。領火徒而回席。莫不以甘露洪溼。末尼普應。天界人界。鶡林尸林。或鷺池。或鷲嶺。或獼猴江。或火龍窟。或住波羅奈。或居摩竭提。或依堅固林。或止音樂樹。或海濱楞伽頂。或山際補陀岩。或迦蘭陀竹園。或舍衛國金地。或應念而空現。或沒山而出宮。或說法假於六方。或變身而為三尺。或掌覆而指變。或光流佛來。或一身普集於多身。或此界復明於他界。或變淨而以淨覆穢。或隨俗而即俗明真。若空谷之答響。洪鐘之待扣矣。其間所說阿含四有。般若八空。密嚴華嚴佛藏。地藏。思益天之請問。楞伽山之語心。萬行首楞嚴。一乘無量義。大悲芬陀利。法炬陀羅尼。無垢稱之說經。須達拏之瑞應。本事本生之別。諷誦重誦之殊。象馬兔三獸之渡河。羊鹿牛三車之出宅。或謂之有空守中也。或謂之無轉照持也。或謂之頓也漸也。或謂之半也滿也。或無說而常說。或不聞而恒聞。或保任而可憑。或加被而不忘。無小而不大。無邊而不中。三乘同入一佛乘。三性同歸一法性。真可謂孩孺父母。險夷導師。懸日月於幽宵。布舟航於幻海。為雲為雨。使枯槁以還滋。為救為歸。指窮途於壽域。暨乎所作已辦。功成不居。將返本以還源。類薪盡而火滅。繇是指力地諸金河。光流面門相驚塵剎。山搖地動俱與苦痛之聲。異類變容。同現奢華之血。受純陀之後供。納毗夜之密言。唱四德以顯三伊。指萬有而歸一性。酬多羅迦葉。四十二請問已周。度須跋陀羅。八十一化緣將畢。破十仙之橫計。使獲朝聞。建四塔之崇規。遐滋末葉。將欲明有為之有滅。表無相以無生。上升金剛身往復虛空界。日月其猶墜落。螢光如何久留。誡有常身。使無放逸。於是還登玉座首卧鶴林。遍遊三昧之門。將復一真之性。逆入順入。全超半超。依四禪之等持。湛三點之圓寂。是時也。人天叫擗。鳥獸哀唬。飄風驟雲。山吼波逆。按輪王之古式。方俟葬儀。命力士以捧持竟無能動。繇是金棺自舉。遶拘尸之大城。寶炬不然駐闍維之盛禮。莫不未生怨在於王舍。創結夢於十號慈尊。大迦葉遠下雞峰。獲瞻禮於千輻輪足。畢以兜羅緻氈。聖火自焚。爇王眾栴檀之薪。注帝釋金瓶之水。彼願力猶在悲心。尚熏碎金剛之勝身。為舍利之遺骨。於是八國嚴衛。四兵肅容。各自捧於金罈。競歸興於寶塔。於是若牙若髮。迦葉波禮於忉利天宮。或炭或滅。無憂王建於贍部洲界。若乃金言道在。塵劫法存。象王去而象子隨。一燈滅而一燈續。莫不大迦葉雲迎千眾。阿難陀雷吼三輪。商那表定於未來。毱多化籌而盈室。始自壞梁之感。終乎流乳之徵。瓶器異而水必同。燈點殊而光終一。是以大乘之真空妙有。文殊彌勒異其宗。小乘而分氈杬金。上座大眾元其部。或十支宏闡。或千部鬱興。馬鳴龍樹繼其芳。無著天親播其美。或提婆鑿眸而作器。陳那吼石以飛聲。或百偈齊祛於外宗。或十師翊贊於遺頌。或聞經而夜升兜率。或待佛而窟寄修羅。或劍誓首以要期。戒象馱金而請釋。或賞能而食邑。或得勝而建幢。或論般若之理也名燈。或究俱舍之非也名雹。莫不殊途異轍終會一源。自有及空咸歸萬德。自商周見虹貫炎。漢夢金人。教及神州。聲流華夏。勃叨生季世。獲奉真譚。雖錄續而以敘金言。在飄零而不逢玉相。見聞盡是。宗致昭然。蓋委遺文。不復備而言也。乃為銘曰。

化起從本源　功成應賢劫　萬行顯真宗　三祇積鴻業
為法出於世　降靈示分脇　眉橫天帝弓　目帶青蓮葉
仙師相垂淚　天神爭捧接　灌頂當在宮　飛輪化彌帖
宗承天日貴　象貫師子頰　善教誰與傳　抨彈獨豪俠
遊觀驚老死　逾城棄臣妾　落髮親寶刀　貿衣遇群獵
寄跡狎麋鹿　苦身示羸怯　食糜人盡知　坐草魔方懾
潔若蓮出水　明逾鏡開篋　山海類高深　雲雷等辭捷
三時教彌闡　萬類根自愜　四問聊欲酬　十億度相躡
補處記慈氏　遺文囑迦葉　臥樹徒載春　香薪已焚睫
悲心及綿遠　舍利光煒燁　獨我生後時　餘波幸霑涉

重繪釋迦如來應化事蹟緣起

我毗盧遮那如來。從本源世界。以同體慈悲。隨順眾生機緣。現千百億釋迦身。此閻浮提迦毗羅國。淨梵王子。示八相成道者。其一也住世八十年。說法三百餘會。開無量法門。度無量眾生。展轉傳來。直至今日。然接音容而入道。在昔故多。因言相而發心。居今無有持世尊修燈源流。一期事跡。欲使家知戶曉。為難能耳。余初自衍法蘭若得前明刻本。釋氏源流一部。觀其繪像集經。良有深意。使人一覽之下。見世尊之實行。聖跡昭彰。起皈敬之誠心。狐疑淨盡。其於初機後進。開發補益。殊非淺淺。惜其經像間有未符。稍不盡意。余因發心。另為繪寫。以廣流通。至有疑似之處皆請正於覺生澈公和尚。再三斟酌。始為定稿。但竺札衣冠什物。宮室城郭。本異此方。其舊本恐難利俗。故一依此土儀式。余惟三衣一缽。乃法相之宏規。今謹依佛制。餘皆仍其舊本。佛像自夜覩明星後。方繪蓮花承足。表成佛之相也。唯佛一人會有金項光。餘皆無之。顯佛獨尊也。自應盡還源後。諸大弟子皆繪項光。用別允聖也。天龍善神無繪項光。易辨人天也。仙及波旬。雖有神通福力。究係魔外。概不與光。所以嚴邪正也。起自丁未仲夏。告成於癸丑冬季。兩經書手。三易畫工。歷七年之久。乃圓厥事。於是既滿我願。彌感佛恩。略述始終。筆難盡意。所願今而後。瞻是像。讀是說者。目言悟旨。即相明宗。各示八相以廣源流。共度含靈而空生界云。爰綴以偈：

歸命釋迦尊　圓滿清淨覺
法身本無相　無相無不相
三身及化事　一切法皆然
願觀是相眾　咸作如是觀

乾隆歲次癸丑佛成道日歸依三寶弟子　鎮國公永珊熏沐謹識

總序

《釋迦如來應化事蹟》一書，又名《釋迦如來密行化跡全譜》，本書是以漢傳經典編纂而成的佛陀傳記，也是佛教史資料（於佛滅後到佛法傳入中國之間），可以說是一種流通於漢地民間的佛傳與佛史圖書。

據此書序文〈重繪釋迦如來應化事蹟緣起〉內容來看，此書應是清朝乾隆年間鎮國公永珊，以明代刊本為底本，對《釋氏源流》（明寶成編）進行了重新撰寫和繪圖而成書的版本。考古專家認為此書是存量極少的佛教古籍圖書，而該書為雕版印刷，應是清乾隆五十八年和碩豫親王裕豐，據永珊的版本再摹刻上版，於嘉慶十三年刊成。

另外，再從〈釋迦如來成道記〉一文來看，這篇文章相當於最初的佛傳史記的大綱，之所以安置於此書作為序文，推測很可能是漢傳佛傳書籍流傳的緣故，可見此書最早是源自於唐王勃所撰的《釋迦如來成道記》（此書亦有唐道誠注的《釋迦如來成道記註》二卷）。之後歷經許多朝代的增修，明寶成編集的《釋迦如來應化錄》六卷，各篇章小與此書篇章極為類似，可見在明清時期，佛傳故事的架構已經成型。又於《楊仁山居士遺書》卷中〈與王雷夏（宗炎）書〉便提及刻印流通此書之事：「接十七日手函，領悉種種。《釋迦譜》書，久欲刊板，而無來款。貴友欲刻此書，可喜之至，但敝處所擬刻者，是藏經內十卷之本，與現在流通之本，繪圖二百餘幅者，迥不相同。此本原名《釋迦如來應化事蹟》，世俗呼為釋迦譜也，十卷之本，弟有明刻，二十年前交卓如兄，至今未還。若欲發刻，須將原書索回，否則無可借也，刻貲約在二百數十元……」由此可知此書在當時，即廣為流通。

然而，現今我們對於此書還是非常陌生，相關於此漢傳佛傳古書之研究，亦不多見。《釋迦如來應化事蹟》可以說是以漢傳佛教的佛傳代表，亦可以從中發現許多較少被提及的漢譯經典故事。

本書切分成四卷，第一卷從本生故事，到兜率天降生、入母胎、出生、出家、降魔、成道；第二卷為佛陀成道之後的度化事蹟，以漢傳「五時說法」開展，因此首篇為〈華嚴大法〉，其後則為佛陀教化事蹟；第三卷的佛傳有濃厚的漢傳佛教特色，除了獨特的人事物描述，還對漢譯大乘經典有輪廓性的概說；第四卷則以敘述佛入涅槃事蹟為主，並敘述佛滅後，法的付囑，成為漢傳各宗的祖師傳承之依據。

本次的整理再版，不僅保留了古書的原始圖文，更加入了易於閱讀的白話文。每一張圖均有簡要的說明，以了解繪圖的意涵。這裡要說明的是，本系列各卷的篇章排序，均遵從古籍版本的編排方式，但從內容的陳述與事件故事的串接上來看，某些篇章應該是為了因應漢傳佛教的教義精神，而在流傳的過程中不斷增加了許多章篇，產出各種版本，因而有了一些變動。

此外，又附上註解，以說明文章的原始經文出處，或補充原始經典故事內容，或簡說相關的佛教專有名詞。希望透過此書的再刊，使現代人能感受古人閱讀佛傳的韻味，另一方面，也讓更多對漢傳佛教有興趣者，能飽覽漢譯佛典之精萃。

由於古籍圖稿因為逐年的轉載刊印，以致某些線條或圖塊有缺損或虛化現象，本書的刊印，對此做了嚴謹審慎的整修，但缺損過劇之處，仍尊重原始版畫而保留原貌，以期能給讀者最好的古典韻味。

第三卷 前序

第三卷的佛傳，首篇選自《觀無量壽經》的〈淨土緣起〉篇，敘述佛陀時代人物韋提希夫人的因緣，淨土觀是發展於印度後期的大乘佛教思想，後來成為漢傳佛教的特色之一。再加上《無量壽經》的〈無量壽會〉篇、《阿彌陀經》的〈念佛法門〉篇，淨土三經皆選錄其中，豐富了漢傳佛教法門的多元性特色。

在這一卷當中，佛陀的度化普及到更中下階級的民眾，從〈老婢得度〉、〈度網漁人〉、〈佛化醜兒〉、〈度捕獵人〉、〈度除糞人〉、〈救度賊人〉等篇，可以看到佛陀是如何巧妙地度化不同階層。以大乘菩薩為主的觀音菩薩〈楊枝淨水〉篇，就是為了化解當時民間的流行疾病。而維摩詰居士的《維摩詰經》，在〈維摩示疾〉與〈文殊問疾〉篇，透過維摩回答文殊的對話：「以一切眾生病，是故我病。」示現了入世菩薩道的精神內涵。〈勝光問法〉篇，則是勝光王請示佛陀要如何成為一位好國王，〈佛讚地藏〉篇中的《地藏十輪經》，所謂「十輪」，則是說明國家治理之道。大致而言，這一卷，將佛教入世普度思想發揮到了極致，也展現大乘佛教妙法的不可思議與具體實踐方法。

此外，也大量採用漢傳特色經典，出自《盂蘭盆經》的〈目連救母〉篇，以目犍連解救餓鬼道母親的故事，來說明供僧功德，融合了佛教與漢文化的孝親思想。而出自《救面然餓鬼經》的〈施食緣起〉篇、出自《消災經》的〈說咒消災〉篇、出自《寶積經》的〈金剛請食〉篇，將慈悲救度擴及鬼道與法界一切眾生，為影響漢傳佛教法會超渡儀軌深遠的經典。

其他大乘經典介紹則有《金光明經》、《楞伽經》、《圓覺經》、《楞嚴經》、《大般若經》等，則有獨立章篇介紹。

讚譽／推薦

悲心及綿遠，舍利光煒燁。獨我生後時，餘波幸霑涉。——唐．太原王勃

歸命釋迦尊，圓滿清淨覺。——清．鎮國公永珊

＊＊＊

惠敏法師／**法鼓文理學院校長**

常真法師／**祖師禪林住持**

猶記得三十年以前學佛初始，有日偶然翻閱古籍版畫《釋迦如來應化事蹟》，圖文並茂，人物鮮明，但文字深奧，很難閱讀理解佛陀的生平故事。法緣和合，遇緣則應。感謝柿子文化與撰文者黃健原博士的善用其心，歡喜推薦古今創新融合，企劃與修復的新版本《釋迦如來應化事蹟》，閱讀佛傳、認識佛陀在人間的傳奇與一生的故事，信願行圓滿生命清淨覺。——**明毓法師**／**世界佛教聯盟署理會長**

初次拿到出版社寄來的佛傳圖畫書文稿，心中甚是驚喜，這才知道原來明清時期的古代人是以這樣的方式來了解佛傳與佛史，這不僅讓人想到古代人對於品德教育推廣，處處皆是用心，那份熱誠使人不知不覺中，因為相應而感動不已。縱然此時已不見佛陀身相，但隨著此書，我尋覓著佛陀的步履，反覆思索著祂如何抉擇每一個人生關鍵，也反思著自己的生命，雖然身為中華品德教育推廣協會理事長，深感弘揚正法任務的艱鉅，在推動品德教育的工作上更是步步艱辛，但一步一腳印，卻也步步蓮花，一點一滴淬鍊出自己內心的菩提宿願。也因而對於這份用心的著作出版品，末學更有著一份相知相惜。——**眾印法師**／**中華品德教育推廣協會理事長、佛恩蓮社住持**

＊＊＊

故事是最容易感化人心，佛典故事亦然，透過《釋迦如來應化事蹟》一系列圖文並茂的白話敘事，看佛陀從出生到成道、遊化人間感人的教化，將得以淨化人心、啟迪智慧，值得所有佛教徒的流通典藏。——**林建德**／**慈濟大學宗教與人文研究所所長**

看到這套書，就覺得很精彩，用淺顯的故事述說佛陀的一生，讓一般讀者都能清楚體會。更精彩的是，配上清朝乾隆年間流傳的摹刻版，這原本是存量極少的佛教古書，現在能重新整理出版，我個人認為光是這些摹刻圖，就值得珍藏了。——**呂應鐘**／**國際華人超心理學會理事長**

釋迦牟尼佛涅槃至今已有二千六百年，現今佛法融雜多元思想與派別，而閱讀此書，讓靈魂穿越時空重返唐朝，與古代佛教聖賢一同浸淫釋迦牟尼佛的靜謐圓滿，還元返本於佛法精神中。——**宇色**／「我在人間系列」作家、靈修、瑜伽士

龔詩文／元智大學藝術與設計學系副教授
簡易濤／大千佛教文化社會企業公司董事長
黃運喜／玄奘大學宗教與文化學系系主任及教授
黃苡菱／可苡營養諮詢中心總營養師
曾文昌／《做鐵工的人》作者
陳怡銘／「中華經絡智慧養生協會」創會理事長
涂政源／《52個覺醒的練習》等書作者
林聰明／南華大學校長
香草尼克／YouTube 頻道「talk2herb」創作人
嚴愛群／國立東華大學英美文學系副教授
葉樹姍／大愛電視副執行長兼廣電媒體總監
陳英善／法鼓文理學院佛教學系副教授
黃子佼／跨界王
陳蔡慶／慈濟大學英語中心講師
陳恬儀／輔仁大學中文系副教授
孟庭葦／著名經典歌手
江昇翰／覺無憂藝術公司總監
上官昭儀／療癒科學教育督導，美力系統創辦人

《釋迦如來應化事蹟》全系列目錄

第一卷・娑婆

第二卷・度化

第三卷·妙法

淨土緣起　醜女改容　鸚鵡請佛　惡牛蒙度　白狗吠佛　火中取子　見佛生信　因婦得度　老婢得度
盲兒見佛　付囑天龍　勸親請佛　囑兒飯佛　貸錢辦食　談樂佛至　說苦佛來　老乞遇佛　度網漁人
佛度屠兒　度捕獵人　無量壽會　佛化醜兒　度除糞人　救度賊人　祀天遇佛　佛救嬰兒　鬼母尋子
金剛請食　目連救母　施食緣起　說咒消災　楊枝淨水　採華獻佛　造幡供佛　施衣得記　小兒施土
衣救龍難　證明說咒　燃燈不滅　龍宮說法　念佛法門　佛讚地藏　勝光問法　維摩示疾　文殊問疾
金鼓懺悔　楞伽說經　圓覺總持　楞嚴入定　般若真空

第四卷·涅槃

法華妙典　法傳迦葉　飯王得病　佛還覲父　殯送父王　佛救釋種　為母說法　囑累地藏　最初造像
姨母涅槃　請佛入滅　佛指移石　囑分舍利　付囑國王　付囑諸天　付囑龍王　請佛住世　天龍悲泣
魔王說咒　純陀後供　度須跋陀　佛現金剛　如來懸記　最後垂訓　荼毗法則　臨終遺教　雙林入滅
金剛哀戀　佛母得夢　昇天報母　佛母散華　佛從棺起　金棺自舉　佛現雙足　凡火不然　聖火自焚
應盡還源　均分舍利　結集法藏　育王起塔　迦葉付法　雞足入定　商那受法　毱多籌筭　蜜多持幡
馬鳴辭屈　龍樹造論　天親造論　師子傳法　大法東來

妙法目次

淨土緣起

王舍城有一太子，名阿闍世，因受調達的教唆，把他的父王頻婆娑羅和母親韋提希夫人囚禁在深宮之中，不讓他們出來。韋提希夫人自從被兒子關起來後，便憂愁苦惱，導致身體衰弱，面容憔悴。她面向靈鷲山，在遙遠處對世尊作禮而說：「世尊的威德至重，而我被幽禁在深宮裡，想見世尊一面都難哪！」

這時，世尊知道了韋提希的心念，即與目犍連、阿難以及釋梵護法天人，於虛空中現身。韋提希夫人見到世尊，感動至極，卻又悲從中來，她向佛哭訴：「世尊啊！不知我前生前世犯了什麼罪業，生下這麼一個逆子，帶給我極大的痛苦，唯願世尊為我說一個沒有憂愁苦惱的處所，我要往生到那個世界去，不再留戀這個充滿惡濁污穢的世間。」

此時世尊的眉間放光，遍照十方無量世界，十方諸佛國土都顯現出來，祂告訴韋提希：「阿彌陀佛的西方極樂世界，離此地不遠。你應當專心觀想西方極樂世界的莊嚴。除此之外，要往生西方極樂世界，應修三種福德：一者要孝養父母、奉事師長、慈心不殺、修十善業；二者要受持三皈依，嚴守戒律，不犯威儀；三者要發菩提心，深信因果，並讀誦大乘，勸導引進初學。」

◀韋提希夫人自從被兒子囚禁之後，便憂愁苦惱，不想再留戀世間。佛知其心念，為其說一心往生阿彌陀佛西方極樂世界的觀想之法。

淨土緣起

觀無量壽佛經[1]云。王舍城有太子。名阿闍世。隨順調達惡友之教。收執父王頻婆娑羅。母韋提希夫人[2]。幽閉深宮。不令復出。時韋提希被幽閉已。愁憂憔悴。向佛作禮。而作是言。世尊威重。無由得見。爾時世尊。與目犍連。阿難。釋梵。護世。從空而來。韋提希白言。世尊。我宿何罪。生此惡子。唯願世尊。為我廣說。無憂惱處。我當往生。不樂閻浮提。濁惡世也。世尊放眉間光。遍照十方世界。佛告韋提希。西方極樂世界。阿彌陀佛。去此不遠。汝當繫念。諦觀彼國。欲生彼國者。當修三福。一者孝養父母。奉事師長。慈心不殺。修十善業。二者受持三歸。具足眾戒。不犯威儀。三者發菩提心。深信因果。讀誦大乘。勸進行者。應當一心繫念。諦觀西方極樂世界阿彌陀佛。及觀世音菩薩。大勢至菩薩。坐蓮花上。佛菩薩像。皆放光明。其光金色。徧滿彼國。此想成時。往生彼國。

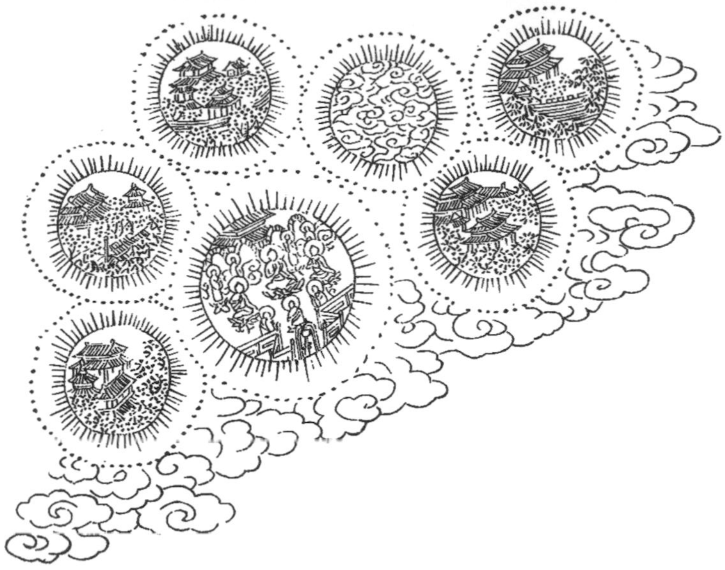

原典註解

①**觀無量壽佛經**：簡稱《觀經》，劉宋畺良耶舍譯。在中國新疆地區曾發現維吾爾文譯本殘片，日本學者高楠順次郎（Takakusu Junjiro）應英國牛津大學馬克士・穆勒（Max Müller）之請，據現行本譯成英文。此經與《阿彌陀經》、《無量壽經》合稱淨土三部經。教起因緣係佛應韋提希夫人之請，佛開演廣修三福，觀想阿彌陀佛的身相和極樂淨土莊嚴的十六種觀等，為往生淨土法門之經典。此經與《觀佛三昧海經》、《觀普賢菩薩行法經》、《觀彌勒上生兜率天經》等皆為同類型經典，乃說觀彌陀、觀音、勢至等三聖及極樂淨土莊嚴之法。唐善導撰《觀無量壽佛經疏》，簡稱《觀經疏》，奠定了淨土宗教理基礎，以倡導稱名乃至讀誦、讚歎等等方式而大眾化，流傳於中國和日本佛教宗派。

②**韋提希夫人**：又作鞞陀提、毗提希等。意譯為思勝、勝妙身。中印度摩揭陀國頻婆娑羅王之夫人，阿闍世王之生母。依巴利本《法句經註》所載，頻婆娑羅王之妻，即波斯匿王之妹，一稱憍薩羅夫人。阿闍世太子弒父，波斯匿王曾舉兵伐摩揭陀國之事，推知韋提希與波斯匿王應有某種因緣。據經典，韋提希久婚無子，祈神獲子，即阿闍世太子。太子年長後，受提婆達多教唆，幽閉頻婆娑羅王於七重之室內，企圖將其餓死，夫人以酥蜜塗於身，瓔珞盛漿，探頻婆娑羅王，而觸怒阿闍世，故亦被禁閉，佛顯神通，為之說法。

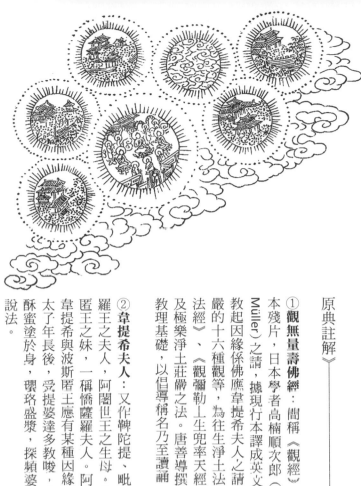

醜女改容

波斯匿王與末利夫人生一女兒，面貌極醜，看起來不像人形，但也只能把她養育長大，然後許配給一位貧戶為妻。

國王還特別為女兒造房舍，內外有七重門，平時總是緊閉著。國王還交代女婿：「你如果出外，要記得把門上鎖，鑰匙要小心保管，千萬別讓外人看見我女兒的長相。」除了供給女婿財物，還封授他為官。

女婿當官後，與朝中權貴豪族聚會，每次聚會，來參加的人都帶著妻子一起赴會，卻只有他例外。日子久了，其他人起了疑心，紛紛議論起這位大臣的妻子，認為她如果不是一個美人，必定是一個醜女。於是眾人故意勸酒，把他灌醉，取得他的鑰匙，派人到他家中，一窺他妻子的模樣。

這位醜女嫁人後，被幽禁於室，常自怨自艾，她越想越難過，便向遙遠的世尊作禮，請求垂憫。佛知醜女之念，便來到她家中。醜女見佛來，馬上頂禮並求哀懺悔。佛為她說法，使她心開意解，醜陋之形忽變得端正美貌，如天女一般。剛好被派來的使人前來開門，見少婦容貌端正，舉世無雙，回去後報告眾人，並將鑰匙放回官臣身上。

那位官臣回家後，忽見一位美麗的少婦，驚疑而問：「你是什麼人？」少婦說：「我就是你的妻子呀！」隨即把之前禮佛懺悔，蒙佛神德，改變容貌的種種經過都告訴丈夫。夫婦回宮見父母後，又一起前去禮謝世尊。

◀醜女嫁人之後，長期幽禁於室。一日，醜女見到佛來，頂禮懺悔。佛為她說法，她心開意解，相由心生，醜陋之形忽變得端正美貌，如天女一般。

醜女改容

百緣經[1]云。波斯匿王[2]。末利夫人[3]。生一女兒。面貌極醜。形不似人。養育長大。覓一貧窮豪族之子。以為其夫。起造舍宅。牢閉門戶。內處七重。王囑女夫。汝若出外。自執鎖鑰。而自關閉。勿令人見。王出財物。供給女婿。授為大臣。與諸豪族。共為邑會。月月更作。設會之時。夫婦共來。共相歡樂。諸在會者。各將自婦。共來赴會。唯彼大臣。獨不將來。眾人疑議。彼人婦者。或是端正。或是極醜。眾人勸酒。令醉臥地。解取鎖鑰。令人開門。觀看其婦。彼女自責。我種何罪。幽閉暗室。遙禮世尊。願垂哀愍。佛知其意。即到其家。其女見佛。求哀懺悔。佛為說法。心開意解。惡相醜形。忽然端正。身體端嚴。猶如天女。使人開門。見其端正。殊妙無比。使人見已。還將鎖鑰。繫於本處。其人還家。見婦殊特。問是何人。答言汝婦。其婦具以禮佛答夫。緣佛神德。使我如是。其夫同婦。與王見佛。

原典註解

①**百緣經**：又稱《撰集百緣經》。東吳支謙譯。係以百種因緣事來說明善惡業果。全書共分十品，每一品各有十緣，故稱百緣。本經之梵文本，內容亦有同樣百緣故事，但與漢譯本相較，順序不同，六緣有異。依梵本內容，則前九十九緣皆佛在世時人，唯孫陀利緣為佛滅後之故事，這篇故事西藏譯本與梵本皆相同。

②**波斯匿王**：佛陀時代中印度舍衛城城主。意譯勝軍王、勝光王、和悅王、月光王、明光王。領有憍薩羅國及迦尸國。其國強盛，與摩揭陀國並列為強國。王初暴惡無信，後因末利夫人之引導，篤信佛法，為佛教當時重要外護者，其名屢見於初期佛教經典中。依《增一阿含經》卷二十六所載，波斯匿王即位，欲娶釋迦族之女，摩訶男乃選婢女充任，而為第一夫人，生了名毗琉璃。

③**末利夫人**：又作摩利大人。意譯作勝鬘夫人（《勝鬘經》中所說夫人為此末利夫人之女）。中印度迦毗羅衛城人，於其父歿後，淪為摩訶男之婢，受命至園林採花結鬘，摩訶男見之大喜，令住園中結鬘，故又名「勝鬘」。後因飯食供養佛陀之功德，脫離婢身，成為波斯匿王之大人，生毗琉璃太子。《增一阿含經》卷二十六、《四分律》卷十八載有其事蹟。

鸚鵡請佛

佛帶領弟子們離開祇園精舍，將要前往摩揭陀國。路中，山林的群鳥裡有一鸚鵡王遙遠看見佛來，飛騰虛空，前來歡迎，並且高聲鳴叫：「願世尊及比丘僧們慈哀憐憫，請來我林中住宿一夜。」佛點頭應許，鸚鵡王知佛已接受邀請，便回到林中，通知鸚鵡們出來迎接。

佛及比丘弟子們到了鸚鵡林中時，各自敷好坐具，於樹下禪坐思惟。鸚鵡王見佛及比丘們都寂然宴坐，非常喜悅，整夜飛翔著，繞佛與比丘們，並四顧環視，防獅子、虎、狼等惡獸，或盜賊等，前來傷害世尊及比丘們。

隔天，世尊即將上路了，鸚鵡王歡喜地在前面引導。接近王舍城時，鸚鵡王飛入宮中，告知頻婆娑羅王說：「世尊已經領著眾比丘們來至本國，現在即將入城。盼大王準備飯食，出城來迎接。」

頻婆娑羅王收到鸚鵡王的訊息，便令廚師準備好齋飯，然後召集群臣，執持幢幡、香花伎樂，出城迎接。

鸚鵡王因為長途奔波，當天晚上鸚鵡王便壽盡命終，神識隨即往生忉利天為天人，很快地長大，猶如八歲小兒，便想：我造什麼福，能生為天子？觀察後，知道是前世以鸚鵡身請佛住宿一夜的果報，為報佛恩，又從忉利天而降，持香花供養佛，頭面頂禮。佛為他說四諦法，天人心開意解，證得了須陀洹果。

▲鸚鵡王求佛及比丘僧於林中住宿一夜。佛應許，來到了鸚鵡林，於樹下禪坐。鸚鵡整夜飛翔，護佛與僧眾。以此因緣，鸚鵡王命終往生忉利天。

鸚鵡請佛

鸚鵡請佛

百緣經云。佛於祇園。將詣摩揭陀國。值諸群鳥中有鸚鵡王。遙見佛來。飛騰虛空。逆道奉迎。唯願世尊。及比丘僧。慈哀憐愍。詣我林中。受一宿請。佛即然可。時鸚鵡王。知佛許已。還歸本林。敕諸鸚鵡。各來奉迎。爾時世尊。將諸比丘。詣鸚鵡林。各敷坐具。在於樹下。坐禪思惟。時鸚鵡王。見佛比丘。寂然宴坐。甚懷喜悅。通夜飛翔。繞佛比丘。四向顧視。無諸師子虎狼惡獸。及以盜賊。觸惱世尊。及比丘僧。至明清旦。世尊進引。鸚鵡歡喜在前引導。向王舍城。白頻婆娑羅王言。世尊今者。將諸比丘。遂來在近。唯願大王。設諸餚饍。逆道奉迎。時頻婆娑羅王。聞是語已。敕設餚饍。執持幢幡。香花伎樂。將諸群臣逆道奉迎。時鸚鵡王。於其夜中。即便命終。生忉利天[1]。從天下來。報世尊恩。齎持香花。而供養佛。頭面頂禮。佛即為其說四諦法。心開意解。得須陀洹果[2]。

原典註解

①**生忉利天**：據《撰集百緣經》載，鸚鵡王命終後，往生忉利天，又回來供養佛，聽聞四聖諦教法，得證須陀洹果。比丘們就問：「這位天子，過去生造了什麼業因，投生為鸚鵡王？又修了什麼福，而得以聞法證果呢？」佛陀告訴諸比丘：「賢劫中，波羅奈國有一佛出世，號迦葉佛。當時，有一受持五戒的長者，因曾經毀犯一戒，所以墮入了畜生道中，而為鸚鵡王。又因他持守其他四戒，可以值遇佛陀，聞法得道。大眾當知，過去那位受持五戒優婆塞，就是這位鸚鵡天子。」

②**須陀洹果**：為聲聞乘四果，最初之聖果，又稱初果。為斷盡「見惑」聖者所得果位。

惡牛蒙度

佛在憍薩羅國時，帶著弟子們往勒那樹下，路途經過河澤，澤中有五百水牛，非常凶惡。五百牧牛人，看見佛與比丘們將從遠處而來，擔心他們被惡牛傷害，便呼喚說：「快停下來吧！這裡有大惡牛，會刺傷人，你們就別經過這條路了，快改走別的路吧！」佛對那些牧牛人說：「你們不用擔憂，如果這些水牛要來傷我，我自有辦法的。」

話才剛說完，惡牛翹尾低角，狂奔怒吼，直衝而來。世尊仍然站立不動，隨即五指前端化現五獅子，周圍四面現大火坑。

惡牛見到前面有獅子和火坑，極為惶恐，四方奔逃。只有佛足前面一片空地，舒適清涼，惡牛急奔過去，頓然舒暢自在，不再畏懼，便長跪伏首，舔世尊足，又抬頭仰視世尊乞求著。

佛知道這惡牛的惡性已經被調伏，就對牠們說：「充滿惡意的牛，原本想要來傷害我，但最後皈依佛，希望得到聖果，所以靠近過來舔我的足。」其中有一惡牛聽了之後，心中感到愧悔，從此不食水草，不久之後命終，往生忉利天，為了報佛恩，便從忉利天而下，持香花，前來佛所，向佛禮拜，恭敬立於一旁。佛又為他說種種法要，遂心開意解，證得了須陀洹果。

◀佛五指化現五獅子，惡牛惶恐奔逃。四方火坑，只有佛足前一片清涼地，惡牛於是被調伏，便長跪伏首，舔世尊足，皈依佛，命終往生忉利天。

惡牛蒙度

惡牛蒙度❶

百緣經云。佛在憍薩羅國。欲詣勒那樹下。至一澤中。有五百水牛。甚大兇惡。復有五百牧牛人。遙見佛來。將諸比丘。從此道行。高聲叫喚。唯願世尊。莫行此道。水牛群中。有大惡牛。觝突傷人。難可得過。佛告牧牛人言。汝等不須憂慮。彼水牛者。設來觝我。吾自知之。惡牛卒來。翹尾低角。跑地吼喚。跳躑前來。世尊於五指端。化五獅子。在佛左右。四面周匝。有大火坑。時彼水牛。甚大惶怖。四向馳走。無有去處。唯佛足前。有少空地。宴然清涼。馳奔趨向。心意泰然。無復怖畏。長跪伏首。舐世尊足。復便仰頭。視佛世尊。如來知彼惡牛調伏。而說偈言。盛心興惡意。欲來傷害我。歸誠望得勝。返來舐我足。時彼水牛。聞說偈已。不食水草。即便命終。生忉利天。從天下來。還報佛恩。齎持香花。來詣佛所。前禮佛足。卻住一面。佛即為說種種法要。心開意解。得須陀洹果。

原典註解

①**惡牛蒙度**：據《撰集百緣經》所載，惡水牛承蒙佛陀度化，而生天界，為報答佛恩，來到佛所，頂禮佛足，佛隨即開示四諦法，天人當下證得須陀洹果，恭敬繞佛三匝，返回天宮。次日清晨，五百放牛人問佛，為何昨天夜裡大放光明，佛陀告訴放牛人：「惡牛因見佛因緣，命終轉生天界，特地回人間供養如來，你們所見，就是他身上的光。」五百放牛人聽聞之後，於是供佛齋僧。用齋完畢，佛陀更為他們說法，五百放牛人祈請出家修行，為沙門後，皆證得阿羅漢果。

比丘們聞此事，問佛因緣：「這惡水牛過去生造作何等惡業，導致此生墮入牛身？而這五百位放牛人又修何福德，得以隨佛出家修道證果？」世尊告知比丘們：「在賢劫中，有佛出世，號曰迦葉。時有一位三藏比丘帶領五百名弟子遊行他國，在大眾中共相論議佛法義理，有人向三藏比丘問難，而他因為不能闡明義理，便心生瞋恚，以惡語說：『你們什麼都不懂，故意向我刁難提問，就像水牛以牛角觸刺傷人。』他的五百名弟子也附和，因為這個惡口的因緣，五百世中，生為水牛及放牛人，彼此共相隨逐，至今，未能脫離。當時的三藏比丘正是那頭凶惡水牛，三藏比丘的五百弟子，就是五百位放牛人。」佛陀說宿世業因緣時，與會大眾皆自護身口意業，厭離生死，各自證果。

白狗吠佛

世尊在舍衛國時，某天經過都提子家，都提子剛好有事出門，家中有一條白狗趴在床上吃著盤中食物，一見到佛陀，便跳下床，不斷向佛吠個不停，佛對那隻白狗說：「你呀！就是因為捨不得這世間財物，才墮入這狗身，又回到這裡來守著。」白狗聽了心中非常懊惱，生大瞋恚心，卻無可奈何，只能鬱悶地伏在地上。

都提子回家後，見狗臥在地上不起，一副要死不活的樣子，便問：「到底是誰把白狗弄成這個模樣？」家人說：「世尊剛剛來過，也不知對白狗說了什麼，白狗就變這樣悶悶不樂的。」都提子聽了非常惱火，立刻跑去找世尊理論一番。

都提子氣沖沖而來，世尊就直接告訴他：「那隻白狗的前世就是你的父親，你如果不相信，可以回家問白狗，那白狗會帶你去找你家藏有財寶的地方。」

都提子半信半疑地回家，對白狗說：「你如果前世是我父親，就告訴我財寶藏在哪裡。」白狗便爬到床下，以口和足指出藏有財寶的地方。都提子一挖，果然發現了財寶，於是對佛產生極大信心，便回去向佛問這是什麼因緣果報。

佛便因此宣說了差別業報：「世間的男子女人，凡是壽命短促的，多是殺生業報導致；如果能慈心不殺，則能享長壽。凡貧窮困苦的，多是因慳貪偷盜，如果能常行布施救濟，則能常得財富有餘。凡那些愚癡邪見的人，因平時常聽信惡人之言，如果能常親近善知識，則智慧增長。所以都提子，你應當要知道，造作什麼因，必感什麼樣的果。一切眾生，因自已所造作的業，隨其善惡，果報自受。」

▲佛經過都提子家，白狗向佛吠個不停。佛說過去世因緣，白狗乃都提子父親投生，都提子不信，後白狗指出藏寶之處，方信佛說，佛為其說因果業報。

白狗吠佛

白狗吠佛[1]

中阿含經[2]云。世尊入舍衛國。至鸚鵡摩納都提子家。都提小出。彼家有白狗。在於床上。盤中吃食。狗見佛來。下床便吠。佛語白狗。汝因護財而墮於此。狗大嗔恚。憂戚愁臥。都提還家。見狗臥地不起。即問誰嗔此狗。家人答言世尊。都提嗔恚。詣世尊所。世尊告曰。狗是汝父。汝若不信。回家問狗。令狗示汝伏藏。還家語狗。若前世時。是我父者。當還起食。示我伏藏。狗即示伏藏處。以口及足。爬於床下。即便掘地。大得寶物。發大信心。問佛宿因。行業果報。佛言男子女人。壽命極短。殺生業報。壽命極長。慈悲不殺。貧窮極苦。慳貪偷盜。多饒財寶。常行布施。有惡智慧。近惡人言。有善智慧。親善知識。都提當知。作長壽業。必得長壽。作布施業。必得財富。廣學多聞。必得智慧。作如是因。感如是果。一切眾生。因自行業。隨其善惡。果報自受。

原典註解

①**白狗吠佛**：此故事又名《佛說鸚鵡經》，劉宋求那跋陀羅譯。出自《中阿含經》四十四鸚鵡經，相關漢譯本另有：《分別善惡報應經》，天息災譯；《佛為首迦長者說業報差別經》，法智譯，《淨意優婆塞所問經》，施護譯；《兜調經》，譯者佚名。南傳部巴利經典則載於《中部一三五經／業分別小經》，內容藉由鸚鵡摩納都提子父親的因緣，而為他說因果業報差別，並說人之所以有健康、疾病、長壽短命、美醜、貴賤、能力、貧富、智愚等因果差異的原因。可以說是現存最早期的原始因果經版本。

②**中阿含經**：為原始佛教基本經典，北傳譯本為四部阿含之一。因所集各經篇幅適中，而名中阿含。東晉僧伽提婆與僧伽羅叉譯六十卷。近代中國新疆地區發現零星梵文殘片，歷代零本翻譯頗多，一般認為，在編集之前，已有許多單本流行。於南傳經典五部中，《中部》相當於此經，但將漢譯本的《中阿含經》與南傳巴利文本《中部》對勘，約只有九十多經相同，且經品之順序亦不完全相符，又篇幅長短並非完全適中，其中約有九十餘經南傳經典編入《長部》、《增一部》、《相應部》及他部之中。漢傳四部阿含與南傳五部，同為原始佛教經典，但編譯排序多有差異。

火中取子

在瞻婆國城中有一位長者，因為沒有子嗣，便去信奉六師外道以求一子。不久，他的妻子懷孕，這位長者又去詢問六師，妻子懷的是男是女，六師回答必生一女。長者一聽，心中滿是憂愁，常唉聲歎氣，他有一位朋友告訴他說：「六師的話未必可信，你何不去問佛呢？」長者即往問佛。佛告訴他：「一定是生男。」長者很高興，但這事卻被六師知道了，一來嫉恨，二來也怕自己預言不準，便將庵摩羅果混和毒藥，交給長者，說：「你妻子臨產時，要服食此藥，才可以保母子平安。」長者信以為真，把藥拿了回去，讓妻子在臨產前服用，哪知妻子服下，當場死亡。

長者極為悲痛，他把妻子屍體裝裹後，要到城外去焚化。這時，佛對阿難說：「我將往城外摧滅邪見。你去通知眾比丘們，一起過去。」於是佛與弟子來到焚所。

長者見佛，悲泣地說：「佛沒有妄語，但孩子的母親已經死了，要如何生得兒子呢？」佛說：「你當時只問妻子所懷的是男或女，並沒有問到孩子和母親的壽命長短。但我既然說過一定會生男孩，長者你就放心吧，你一定能得到一個兒子。」這時，大火已燒到屍體的腹部，腹部已裂開。佛對耆婆說：「你往火中抱取嬰兒。」耆婆便入於火中，果然抱出了一個嬰孩，交給了佛。

佛又把孩子交給長者說：「人的壽命雖然不定，如同是水上的泡沫，但福大之人，火燒不死，毒害不死。」長者因遭亡妻之痛，卻又蒙佛慈恩加被，幸得一子，長者感激佛將孩子救活，聽到佛的教誨，便跪在地上磕頭稱謝而說：「希望世尊原諒我的愚癡無智，竟信奉外道。不但害了妻子，還差一些讓兒子喪命。從今以後，我決心信奉佛法，皈依佛法僧。」

◀長者信奉外道求一子，妻懷孕後，卻被外道下毒，火葬時，佛命耆婆往火中救嬰兒，其子得救，長者即悔悟又感恩，從此信奉佛法，皈依三寶。

火中取子

火中取子❶

經律異相云。瞻婆國城中有大長者。無有繼嗣。奉事六師。以求子息。其婦懷妊。長者往問六師。是男是女。六師答言。生必是女。長者愁惱。復有知識謂長者言。何不問佛。長者即詣佛所。以事問佛。佛言是男無疑。六師心嫉。以菴羅果。和合毒藥。持與長者。汝婦臨產。可服此藥。產則無患。長者受之。與婦令服。服已即死。長者殯殮城外焚之。佛語阿難。吾欲往彼。摧滅邪見。佛與大眾。往詣焚所。長者白言。佛言無妄。兒母已終。云何生子。佛言。卿於是時。曾不見問。母命修短。但向所懷。為是男女。長者當知。定必得子。是時死屍。火燒腹裂。佛告耆婆。汝往火中。抱此兒來。耆婆前入火中。抱持此兒。還授於佛。佛付長者言。眾生壽命不定。如水上泡。若人福厚。火不能燒。毒不能害。長者作禮。長跪白佛。唯願世尊。愍我無智。愚迷之甚。信奉外道。從今已往。歸命佛僧。

原典註釋

①**火中取子**：根據《經律異相》載，此故事出自《大般涅槃經》卷三十：「長者！是兒生於猛火之中，火名樹提，應名樹提。爾時會中見我神化，無量眾生發阿耨多羅三藐三菩提心。」此長者之子，稱「樹提」，又稱樹提伽，又作殊底色迦、殊底穡迦、殊提，意譯火生、光明、火光明。後出家為佛弟子。

此故事另據《光明童子因緣經》所述，善賢長者問於外道，外道知佛所言必無妄語，為了不使長者對佛陀心生敬重，於是外道告訴長者：「汝妻生男，然此子後必壞汝家族。」長者聞言極為愁惱，再三思惟，乃毒死妻，而求保全家族。妻死後，屍體送火葬。火燒後腹裂，子從中而出，端坐火中。但長者因外道所言，不接受此兒。佛陀乃請頻婆娑羅王保育之，樹提在父親死後，繼承家業，篤敬三寶，家財凌駕國王之上。

之後，阿闍世為摩揭陀國王，覬覦樹提之家產，要求與其共居，樹提心知王意，與王交換居處，於是換居七次，王均未能得其財寶，乃使人前往竊取。樹提擔心自己被阿闍世所害，於是散盡家財給孤獨貧困者，而至佛所出家，並證得阿羅漢果。依《大唐西域記》卷九所載，王舍城西北有一窣堵波，係珠底色迦，即樹提伽長者本生故里。

見佛生信

有國王名阿質，威勢勇猛，但常仗著自己國家強盛，而侵略鄰邦小國，導致連年戰禍不斷，殃及善良無辜的百姓，使得民不聊生，老百姓也怨聲載道。佛知道此事，與弟子們前去化度國王。

阿質王聽到這消息，心生惡念，就與幾個王子領著士兵擋在大道上，阻攔佛進城。佛毫不畏懼地走到最前面，並放大光明，從軍隊中走過，阿質王一見到佛來到，馬上命令士兵擊鼓準備進攻，但士兵們擊鼓不響，弓箭舉不起來，刀劍拔不出來，象車、馬車傾倒在地，一時間天昏地暗，士兵們暈頭轉向，不辨東西，四處亂竄而走。

這時，佛來到城外，城門自動開啟。佛進了宮，坐在寶殿之上，天神擁護圍繞。阿質王及王子們聽說佛已入宮，急忙回宮向佛作禮懺悔，說道：「我們實在太鄙陋無知又不懂禮儀，佛屈尊前來，君臣竟敢違逆，簡直如同禽獸一般愚昧，辜負了佛的辛勞。您如果不嫌棄我們這偏遠小國，希望可憐我愚昧無智，廣施恩德，慈悲教化我國百姓。」

阿質王懺悔後，遂向佛請求皈依五戒，發願終身奉行。佛說：「你身為一國之主，應當行忠信仁義，仁慈貞潔，寬柔忍辱，布施人民，體恤眾生，要知道，百姓生活這麼艱苦，人的生命也很寶貴。國土與珍寶並不值得你這麼貪戀，你為民父母，應該愛民如子。」

◀阿質王領軍阻攔佛進城。佛放大光明，從容而過，士兵弓舉不起，刀劍拔不出，象車、馬車傾倒在地，阿質王向佛作禮懺悔，佛為其說君王之道。

見佛生信

見佛生信

經律異相云[1]。有國王名阿質。威勢勇猛。侵伐鄰國。枉苦良善。人民怨之。佛與大眾。欲往化之。阿質王聞之。即生惡意。與諸王子。興兵合聚。當於大道。迎欲拒佛。當此之時。佛在身前。放大光明。從軍中度。阿質國王。鼓不復鳴。弓弩不施。刀兵不拔。象馬顛倒。步兵轉筋。天地陰冥。日月無光。王及眾軍。皆迷惑失息。頓伏而走。佛到王城。城門自開。佛進王宮。入殿而坐。諸天神王。擁護圍繞。王及諸子。聞佛入宮。還宮與佛相見。作禮前謝。白佛言。卑鄙暗陋。少不學問。不知禮義。狼獸為比。愚癡迷惑。違犯天人大聖。不顧邊陲小國。今枉世尊。遠來鄙土。君臣悖逆。唯願世尊。哀我無智。既已厚恩。教化人民。王及諸子。悔過自責。白佛言。乞戒。終身奉行。佛言。王當恩信仁義。慈孝貞潔。寬柔忍辱。布施育民。眾生可哀。人命可惜。國土珍寶。不足恃怙。為民父母。愛民如子。

原典註釋

①**經律異相**：南朝梁代寶唱等編撰。《經律異相》博廣搜羅，全書不僅引用「經部」、「律部」故事，也大量引用了「論部」，匯編眾多，散見於諸經律論中的稀有異相故事，而其取精闢之理，內容分類為：天、地、佛、諸釋、菩薩、僧、諸國王等二十二部，可說是一種百科全書編纂方式。

本書特色，可說是中國現存最早的佛學分類書，每則故事的結尾都註明資料出處，便於查閱，融合中印文學，其中鬼神與天爭鬥的故事，生動傳神，對六朝隋唐志怪傳奇小說有所啟發。後唐朝道世的《法苑珠林》、宋朝贊寧的《大宋僧史略》，與道誠所集的《釋氏要覽》等書，皆沿襲此編法。

因婦得度

有一國家名難國，難國的國王派了使者到舍衛國，拜見長者阿難邠坻舍。長者見使者又黑又醜，長得簡直跟鬼一樣，就問：「你是什麼人？從哪裡來的呢？」使者回答：「我是難國國王派來的使者，宣達我國國王的旨意，國王雖然與您不曾相識，但聽說您是大賢者，而且您家中有一女兒，名叫三摩竭，才貌雙全，人中第一，所以特別遣我來為太子求親，並且奉上難國國王親自書寫的一封書信給您。」長者一聽，也不知如何是好，在看完信後告訴使者：「這件事我得向我的導師報告，請你等待一會，我再回答你。」

於是他來到佛所，向佛請示：「難國國王派了使者到我家，說要為太子求親，想娶我的女兒，現在我該怎麼回答他才好呢？」佛說：「你就答應他吧。」長者心裡很不情願，但還是把女兒送到難國。

難國國王見兒媳婦三摩竭已經接來國中，便請來自己的師父尼犍若陀弗進宮餐宴。國王夫婦讓兒子與兒媳出來拜見老師，三摩竭見這位裸身的尼犍若陀弗，大吃一驚，心想：這與狗、畜生類有什麼差別！三摩竭在遠處唾了一口，兩手遮面，回到自己房中，不肯再出來。尼犍裸師很憤恨她的舉動，心裡很不是滋味，便問國王：「請你去問問你兒媳婦平時奉誰為師？」兒媳三摩竭回答：「我皈依佛陀。」國王問：「佛在哪裡？我們能見到嗎？」三摩竭回答說：「能見到。佛有神通廣大威力，只要你至心誠意、虔敬的焚香遙請祂，祂就會來。」國王說：「太好了，我現在就想見佛陀。」

三摩竭便登上高台，燒香禮拜說：「難國國王不知世間有佛，懇請佛明天早晨率弟子們勞屈尊駕，來到難國王宮中，接受齋供。」佛於是化現在虛空中，為難國國王說法，國王及尼犍等聽到佛法的開示，都得到了度化。

▲三摩竭嫁給難國太子，其國國王信奉外道，三摩竭說：「我皈依佛陀為師。」國王想見佛陀。三摩竭便登高台燒香禮拜，佛從空中而來，為王說法。

因婦得度

因婦得度❶

三摩竭經云。有難國王。遣使至舍衛國長者。阿難邠坻舍。長者見使者。黑醜如鬼。問言。汝何等人。答言。難國王為太子娶婦。聞長者有女。名三摩竭。人中第一。故來求之。王自有書相聞。長者便到佛所。白佛。難國王遣使來到我家。辭言。為王太子來求我女。今當云何。佛言與之。長者送女至彼。時難國王見子婦來。便請其師。尼犍若陀弗。入宮飯之。王與夫人。呼子同婦。出來禮師。三摩竭見尼犍裸形醜黑。是為猪狗畜生無異。口遙唾之。即還閉門不出。師告王。汝問婦事何師。婦答言。是佛。王言。佛可見不。答言。佛有神力。燒香遙請即至。王言大善。三摩竭。即上高臺。燒香作禮言。今難國王。不知有佛。願佛明旦。與諸弟子。勞屈尊神。來到於此。佛勑諸比丘。各以道力變化。自在所為。諸比丘。各乘龍鳳虎豹。牛馬孔雀。從空而至。為王說法。及諸尼犍。悉皆得度。

原典註解

①**因婦得度**：三摩竭為舍衛國給孤獨長者之女也，因嫁於難國，而有佛度化其國王及人民之因緣。

《佛說三摩竭經》，吳天竺沙門竺律炎譯，記載這一段度化因緣，據此經，難國國師尼犍若陀弗外道與佛陀之間有一段對話，尼犍對佛說：「你可有勇氣與我比較道行高下嗎？一旦比輸的話，就投入井中。」佛說：「不須說太多了，我只需問三個問題，比輸的人，就投入井中吧！」尼犍說：「太好了！開始吧！」佛便問：「你是如何誦經典的呢？」尼犍答：「我誦經時是匍匐而行。」佛說：「匍匐而行是狗的行為，狗才匍匐而行。」尼犍頓時不知該如何回話。之後的較量，尼犍也都辯不如佛。外道的弟子們氣憤要將其師尼犍投入井中，尼犍驚慌失措，雙手硬撐於井邊拒絕被投入。佛說：「就放了他吧！」此時，中庭出現火光，火光有千葉蓮華，上又有梵天天人眾，合掌長跪問佛：「供養什麼人能得大福報？供養什麼人只能得少福報？」佛回梵天：「就如同以五穀種子播種在火中，種子還能發芽生長嗎？」梵天答：「不可。」佛又說：「難國王供養這些尼犍外道，就如同把五穀種播在火中，終究是無法發芽的。今齋供佛及諸菩薩、羅漢，所得福報是無法計量的。譬如有人將一方豐渥好地種好種子，天降及時雨，種子能不發芽、生長得茂盛嗎？佛是一切眾生的福田，隨一切眾生所播種子，必滿其願。但愚癡者教他人修學外道，命終後將墮地獄中，受無量極苦。世間愚癡之人常相互欺矇，自欺欺人，不知真道。有智之人，依正道而行者，以不執著生、老、病、死為解脫道。世間九十六種外道，不及佛道殊勝，皆難以較量。」

老婢得度

須達長者有一老婢名毗低羅，勤勞能幹，得到長者的信任，家業庫藏都由她管理。須達平時請佛及僧，凡有所需求，都盡量供給，有時生病的比丘有更多的需要，長者也是盡量滿足這些修行人。但這老婢就不一樣了，她非常的慳吝，看長者這樣慷慨好施，並不以為然，也對佛及僧眾有所厭惡，總是埋怨說：「我家長者真是愚癡無智，也不知是受沙門什麼法術給迷住了，天天要供佛及僧眾。他們求乞無厭，根本沒什麼道行。什麼時候我才能夠不用聽到佛法僧的名字呀！」

然而，這些話也漸漸傳到末利夫人耳中，末利夫人心想：須達是一位樂善好施的長者，怎會收留這樣一位不明大義的老婢。某天，末利夫人就對須達說：「你回去找你妻子過來，我有話要對她說。」須達的妻子前去，末利夫人便對她說：「你家老婢，惡口譭謗佛法僧三寶，你都不知道嗎？為何不讓她離開？」須達的妻子說：「佛慈悲無量，於世間多所饒益，又何況是這老婢！」末利夫人聽了，心大歡喜，就說：「那麼，我明日要供佛，你就派你們家的老婢來幫忙吧。」

隔天，長者派遣老婢帶著許多金銀前往宮中，一起供養佛僧，走到宮門時，剛好佛也來了，老婢心中不悅，退避三舍。佛便在她面前舉起了十指，皆化為佛，並為她說法，但老婢仍不接受教化，回家後，還是畏懼見佛。佛說：「這老婢與我實在無緣，但與羅睺羅有緣。」便讓羅睺羅前去度化。老婢一見，果然大為歡喜，求受五戒。羅睺羅即為老婢傳授三皈五戒法。老婢聞法後，即成須陀洹。

◀須達長者有一老婢對佛及僧眾有偏見，末利夫人請佛度化，老婢退避三舍，不願接受。佛知羅睺羅與其有緣，令其前去，老婢大歡喜，並受三皈五戒。

老婢得度[1]

觀佛三昧經云。須達長者。有一老婢。名毗胝羅。勤謹家業。一切委之。常執庫藏。須達請佛及僧。供給所須。有病比丘。多所求索。老婢慳吝。嗔佛法僧而作是言。我家長者。愚癡迷惑。受沙門術。求乞無厭。何道之有。復發惡念。何時不聞佛法僧名。末利夫人聞之。而作是言。云何須達。如好蓮花。而愛老婢。即敕須達。遣汝婦來。婦到與言。汝家老婢。惡口謗佛法僧。何不驅擯。婦言。佛世多所潤益。何況老婢。夫人聞已。心大歡喜。我欲請佛。汝遣婢來。明日佛到。長者遣婢。即持金銀。勸助王家。供養佛僧。時佛入門。老婢見已。心不生喜。即時欲退。佛在其前。佛舉十指。化皆是佛。老婢見佛。及說妙法。老婢還家猶畏見佛。佛言此婢。於我無緣。羅睺有緣。令往化之。羅睺羅承佛威神。乘空而至。老婢見已。心大歡喜。求受五戒。時羅睺羅。為說三歸五戒。聞已。成須陀洹。

原典註釋

①**老婢得度**：據《佛說觀佛三昧海經》所載，時羅睺羅承佛威神力，化身作轉輪聖王身，乘大寶車至須達家，老婢大為歡喜。聖王對須達說：「你家老婢相貌好，我希望將她充當為玉女寶。」須達回：「惟命是從。」那老婢聽聞之後，非常高興。聖王就以如意珠照老婢面容，她見自己如玉女一般，加倍歡喜，於是五體投地頂禮聖王。這時，羅睺羅恢復了原本的樣子，老婢舉頭一看，竟是一千二百五十比丘，便說：「佛法不捨眾生，就算我這樣弊惡之人，仍然慈悲化度。」說完後，求受五戒。羅睺羅為她說三皈五戒法，老婢聞此法，頃刻便成須陀洹。

羅睺羅便將老婢帶往精舍，她見佛，合掌作禮，懺悔前罪求佛出家。佛告訴羅睺羅：「你將她帶往憍曇彌那裡出家。」羅睺羅還為她說了苦、空、無我等法，老婢聞法已，髮落成比丘尼，三明六通八解脫皆具足。

波斯匿王與末利夫人也大為歡喜，於是問佛：「如此老婢，宿世有何業報，生卑賤處為人婢；又有什麼福德值遇世尊，即得阿羅漢道？」佛說：「無數劫時，有一王子，求欲出家，父王聽許。王子比丘雖出家，但猶懷憍慢，和尚為說甚深妙法空義法，王子聽聞之後，誤解為邪說，在和尚滅後，王子比丘說：『我的和尚空無智慧，只能讚歎虛無空事，我後生不樂見也；而我的阿闍梨智慧辯才，願於生生為善知識。』之後，他法說非法、非法說法，教諸徒眾皆行邪見，雖持禁戒不缺，但以誤解法義而命終後，墮阿鼻獄，八十億劫受苦惱，之後出世貧賤人，五百身中聾癡無目，一千二百身作為人婢。當時和尚乃今我身！阿闍梨者乃羅睺羅！王子比丘乃此老婢！」

盲兒見佛

波羅奈國有一位越難長者，非常富有，卻極為吝嗇，不肯施捨。常對守門人說：「凡有乞討的，都不要理他們。」長者生有一兒子，名旃檀，也是跟父親一樣慳貪，視財如命。長者死後，投生於國中，將成為一位盲婦的兒子。

盲婦的丈夫對她說：「你已經身患重病，如今又懷了孕。家中已沒有糧食了，你就自己出去找飯吃吧！」盲婦出去後，住在一所破窯窟。九個月之後，產下一子，也是雙目失明。盲婦就天天出門討飯養活盲兒。一直養到了七歲，盲婦便教盲兒怎樣去要飯，盲兒聽了母親的教導，就自己出去討飯，哪知來到他前世的兒子家門口，剛好守門人不在，他就一直走到中庭。

旃檀聽到有陌生人進來，就責罵守門人。守門人怕被責怪，便把盲兒推出門外，盲兒跌倒撲地，傷了頭，斷了胳臂。盲婦聽到兒子叫聲，急忙過來扶，喊著：「是什麼人這樣狠心缺德，摔傷我的兒子！」這時門神對盲兒說：「你在前世時，有錢財不肯施捨，所以今天才會有這樣的報應，你將來死後，還會有更大的痛苦啊！」

前來圍觀的人越來越多，大家議論紛紛，喧嘩聲傳到佛那裡，佛問阿難：「你有聽到什麼聲音嗎？」阿難告訴了佛，佛就領著弟子們來看盲兒，還送給他食物。佛用手撫摸盲兒的頭。盲兒的眼睛一下子明亮起來，受傷的地方也癒合了。而且他也記起過去世的因緣。佛問盲兒：「你記得你前世是越難長者嗎？」盲兒說：「是的。」圍觀的人聽了，都驚訝不已，也深信因果報應，從此發信心布施修福，並布施佛及僧。

◀長者富而吝嗇，命終投生貧賤盲兒，四處討飯，乞食前世家門口，被推倒地，佛摸其頭，其眼開明，傷口癒合，能憶前世因緣，眾人因此深信因果。

盲兒見佛

盲兒見佛

越難經❶云。波羅柰國。有長者名越難。財富巨億。為人慳嫉。不肯布施。常語守門人。乞者勿通。越難子名栴檀。亦復慳貪。越難壽盡。還生國中。為盲婦作子。其夫語婦。汝身重病。今復懷孕。我無飲食。汝便自去。婦便出去。得大牆窟。便止其中。九月生子。兩目復盲。乞食養之。至年七歲。其母教言。今有乞我。少飯充饑。如雨渴者。兒聞母說。便行乞食。復到其子家。時守門者。適小出外。入到中庭。栴檀聞語。呼守門問。門監懼罪。即掣盲兒。撲於門外。傷頭折臂。母聞走到。何人無道。時門神便謂之言。汝得是痛。尚為小耳。其大在後。汝前世時。有財不施。故得是報。死更苦痛。觀者甚眾。其聲遠聞。佛問阿難。是何等聲。阿難具說。佛與大眾。到此兒所。與少飯食。以手摩頭。目便開明。折傷即愈。因識宿命。佛問汝前世長者。字越難耶。乞兒對曰。是也。諸人聞已。皆發信心。施佛及僧。

原典註釋》

①**越難經**：又稱為《佛說越難經》，西晉聶承遠譯。內容敘述越難長者富有但慳吝，死後投生盲乞兒之因緣。

據此經內容，佛陀又對阿難說：「阿難，你看，凡人生活在如此愚痴的世間，這盲兒乞丐前生就是這戶有錢人家的主人栴檀的父親，才隔了一世，父子相逢，竟彼此不相識，甚至傷害了對方。」佛陀於是說偈：「人求子索財，於此二事中，甚憂勤苦痛，他人而得果。有身不能保，何況子與財？譬如夏月暑，息止樹下涼，須臾當復去，世間無有常。」這偈語的意思是說，世間凡大俗子，終其一生多汲汲營於財富名利或求子嗣，為了這兩件事，受盡辛苦，卻從沒想到自己連命都保不了，又怎能留得住財富及子孫呢？所謂的名利財富及子孫，猶如過客一般，盛暑時，在蔭涼樹下休息，過一會便離去，這便是無常世間。

阿難接著又問佛：「這個盲兒乞丐死後，會投生何處？」佛陀回答：「他將下墮到大地獄中。」佛陀說完後，在場所有人遠離貪嗔癡，所有的弟子皆歡喜，向佛陀頂禮後離去。

付囑天龍

佛成正覺後，無量菩薩海眾都來集會。佛宣說菩薩法藏，令知諸佛甚深境界，在欲界天及色界天的二界中間，化一七寶坊，如大千世界。十方佛剎土的諸菩薩眾，以及諸天龍鬼神等，四方雲集而來。

佛說種種莊嚴、種種光明的大悲行相因緣，及如來三十二相、十力、四無畏、十八不共法、三十七菩提分、三十二相業因、三十二障大乘法、三十二速成就法，如是等無量法寶，神通智辯，方便行願，四無量心，求解脫道，又說種種陀羅尼，利益一切眾生等法，並且又為諸天龍鬼神說受生、受苦、受樂等種種業報因緣法，同時為他們授三皈依，使其得清淨眼，都能得安隱。

接著，又廣說十方一切佛國土的莊嚴，百億諸菩薩所修因地所證境界，以及三界一切護法龍天，諸部大鬼神等因緣，完全盡說無餘，乃為無量大眾宣說甚深佛法。

之後，為了護守世間，在閻浮提國土付囑了釋梵護世諸天，一切龍神，修羅、夜叉、鬼神等眾，各各分佈每一方，護持養育一切眾生，除去他們的障礙，守護善良的人，令正法能久住於世間。

◀佛宣說甚深法義，為了護守世間，付囑了一切龍神，修羅、夜叉、鬼神等眾，守護一切眾生，除去他們的障礙，令正法能久住世間。

付囑天龍

大集經[1]云。佛成正覺。菩薩海眾。悉來大集。佛於無緣象王眾中。欲宣說菩薩法藏。令知諸佛甚深境界。於慾色天。二界中間。化七寶坊。如大千世界。諸天龍鬼神等。並及十方佛剎諸菩薩眾。一時雲集。佛說種種莊嚴。種種光明。大悲行相因緣。及如來三十二相。十力四無畏。十八不共法。三十七菩提分。三十二相業因。三十二障大乘法。三十二速成就法。如是等無量法寶。神通智辯。方便行願。四無量心。求解脫道。說陀羅尼。種種利益。一切眾生等法。說諸龍受生受苦受樂。業報因緣。受三歸依。即得淨眼。皆得安隱。次說十方一切佛土無餘。諸菩薩百億。三界一切龍天。諸部大鬼神等。悉皆無餘。顯說甚深佛法。為護世間故。以閻浮提諸國土。付囑釋梵護世諸天。一切龍神。修羅夜叉鬼神等眾。各各分佈。安置護持。養育一切眾生。除障護善。令法久住。

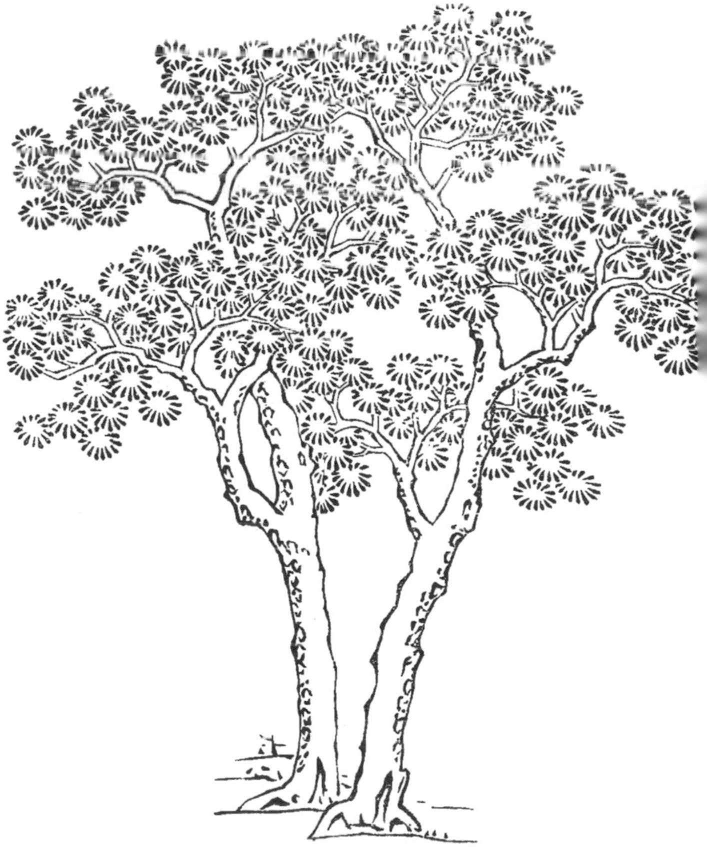

原典註釋

①**大集經**：全稱《大方等大集經》，全經計十七品，一至十一、十三等品，北涼曇無讖等譯。十二品為南朝劉宋之智嚴、寶雲合譯，別行本〈無盡意菩薩經〉。十四、十五、十六為那連提耶舍譯，十七品，係纂輯東漢安世高所譯。大方等為大乘經之通名，謂之大集經，乃大集部諸經而彙編。

此經為佛集合十方佛剎諸菩薩及天龍鬼神等，為彼宣說十六大悲、三十二業等甚深法義，廣說大乘之法。內容以大乘六波羅蜜法與諸法性空為主，兼含密教及陀羅尼與諸天護法之事。除「空義」思想外，密教色彩濃厚。西藏藏經中，無大集部，只有其他經典中散見相關內容。近代，自新疆發掘了梵本斷片，內有相當於本經〈寶幢分．往古品〉之部分，後曾由英國學者多瑪斯（F. W. Thomas）校訂出版。

勸親請佛

有位須達的親友，這位長者只信奉外道，不信佛法，也不信醫術。某次他患重病，親友都來探望他。見他久病不治，大家就勸他請佛來治病。但他卻堅決不肯，還對親友們說：「我只敬奉天地鬼神，除此之外，什麼都不相信。」

須達長者對他說：「我所皈依的師父，號稱為佛，功德廣大，可使任何人都受福。可否請他來給你說法，你可先聽他說什麼，再決定是否要信奉，如何？你已經久病不癒，請佛來為你祈福吧。」那長者回答：「既然如此，那就煩你請佛及僧眾來。」於是須達就替他請佛。

佛剛到這位長者家門口，佛光照得屋內外一片明亮。長者見佛光，頓時感到一身輕安舒適，病情也緩解了許多。佛對長者開示：「人活在世間，會有三種人不應死而死的情況，一是有病卻不治療；二是治病時不謹慎；三是剛愎自用，不願聽善意的勸告。如果你患了病，就應當尋找正確的方法，對症下藥，好好治療，才能安然無恙。同時，你也要注意三個方面：第一，如果是患四大寒熱病症，應當看醫生服藥；第二，如果是遭眾邪惡鬼惑，你應當接受戒法，並信奉正道；第三，你應侍奉賢聖之師，拯救自己擺脫窮困厄運，以德行感召神靈，護佑眾生，以智慧消除災禍。如果你能做到這些，人生在世，一切就能吉祥平安。」

長者聽了佛的開示，頓然心開意解，病症痊癒，如同喝了甘露一般，身心安定了許多。國中百姓們聽佛開示之後，也都隨之信受奉行佛的教法。

◀佛為生病長者開示：一當就醫服藥；二當持戒信奉正道；三當侍奉賢聖之師生，如此一切吉祥平安。長者頓然心開，病症痊癒，如飲甘露，身心安定。

勸親請佛

勸親請佛❶

法句經云。須達長者有親友長者。奉事外道。不信佛法。及諸醫術。時得重病。宗親知友。皆來省問。勸令請佛治病。堅執不肯。答眾言。吾事天地神祇。終不改志。須達語曰。吾所事師。號曰為佛。神德廣被。見者得福。可試請來。說經咒願。聽其所說。言行進趣何如。以卿久病。不得除瘥。勸卿請佛。冀蒙其福。長者答言。便為我請佛及僧。須達即便請佛。往詣其門。佛放光明。內外通徹。長者見光。欣然身輕。佛告長者。人生世間。橫死有三。一者有病不治。二者治而不慎。三者憍恣自用。不達逆順。為三橫死。若有病者。當以明道隨時安濟。一者四大寒熱。當須醫藥。二者眾邪惡鬼。當須經戒。三者奉事賢聖。矜濟窮厄。德感神祇。福佑群生。以大智慧。消去陰蓋。奉行如此。現世安吉。長者聞已。四大安靜。眾患消除。如飲甘露。中外怡懌。身安意定。宗室國人。莫不敬奉。

原典註解

①**勸親請佛**：《法句經》在南北傳系皆有多種版本。本書文中之故事，取自北傳《法句譬喻經》，西晉法炬、法立共譯，所集錄法句經偈語約三分之二，加上譬喻故事撰寫而成，每品載錄一則以上乃至五、六則之譬喻故事，北傳的《法句譬喻經》譯者配合中國當時的風俗民情，將故事本土化，故南北傳常出現一樣的偈頌，而有不一樣的故事內容。北傳即漢傳譯本的《法句經》，譯本有《法句經》、《法句譬喻經》、《出曜經》、《法集要頌》。其中《法句譬喻經》和《出曜經》都附有相關故事，其餘則為純粹偈頌。而南傳巴利語系《法句經》，又名《法句集經》、《法句集》、《法句錄》、《曇缽經》、《曇缽偈》，現行南傳本，覺音尊者作註《法句註》，編撰了三百零五篇故事，故事為佛陀說偈語的緣起。

囑兒飯佛

有位修羅陀長者，家中資財豐厚，又篤信佛法，每年臘月初八一定都會供養請佛及比丘眾。長者臨終前，囑咐兒孫們說：「我往生以後，每年臘月初八，無論如何一定要繼續供養佛及比丘眾。」

長者有一兒子為比羅陀，他雖然為人忠厚老實，但不善經營，導使家境日窮，以致一無所有。眼看又要到每年的臘月，比羅陀已經沒有錢可以供養佛，因此愁悶不已。這時，佛派了目犍連問比羅陀：「你父親供養佛的日子即將到來，你打算如何？」比羅陀說：「父親雖然已經去世，但父親的交代我仍會照辦，希望世尊能憐憫我，臘月初八中午到我家。」目犍連將此事告訴了佛。

為了供養佛，比羅陀請妻子回娘家借銀錢，然後回家營辦伙食。到了臘月初八這天，佛和比丘眾來到他家，接受他們的供養，並念經說法。而比羅陀沒有任何悔意，佛和比丘眾都滿意而歸。到了半夜，比羅陀家中庫藏寶物之處竟充滿寶物。

隔天，比羅陀夫婦見到眼前一切寶物，既驚喜又害怕，擔心官府來查問這些寶物來源。於是夫婦二人跑去問了佛祖，把這一切原委一五一十告訴了佛。

佛對比羅陀說：「你不用擔心，也不用顧慮什麼，你們今天所得到的一切都是因為你們遵從父親教誨，不違父願，沒有二心，又而能奉持戒法，因而得到七種寶財充足。凡是因為布施善心而享有的福德，不是災難，這是有智慧的人，不管你是男是女，生於何處，你這麼做，福報也會隨之而來。」聽完佛的開示，比羅陀夫婦更生信心，篤信佛法。

◀比羅陀遵從父親遺言，臘月初八供佛及眾，因一時貧困，便借銀錢營辦。之後，家中庫藏寶物盈滿，便詢問佛原因，佛說：「善心布施者，福德隨至。」

囑兒飯佛

囑兒飯佛

法句經云。有大長者名修羅陀。財富無數。篤信奉佛。自誓常以臘月八日。請佛及僧。長者臨終。付囑子孫。吾死之後。奉行莫廢。兒名比羅陀。後日漸貧。居無所有。臘月已至。無錢供辦。愁慼不樂。佛遣目連。往問比羅陀。汝父直月欲至。當設何計。比羅陀答言。父亡教令。不敢違之。唯願世尊。憐憫勿棄。八日中時。迴光臨盻。目連即還。具白如是。比羅陀將妻至外家。貸百金錢。還家辦食。佛與衆僧。往詣其舍。受食呪願。比羅陀無悔恨意。歡喜還家。其日夜半。諸故藏中。寶物自然充滿。比羅陀夫婦。明旦見之。且喜且懼。懼官見問。所從得此。夫妻共議。當往問佛。即詣佛所。具白如此。佛告比羅陀。安意任用。勿生疑難。汝之履信。不違父教。持戒慚愧。沒命不二。聞施慧道。七財滿足[1]。福德所致。非為災變。智者能行。不問男女。所生之處。福應自然。聞佛所說。益加篤信。

原典註釋

①**七財滿足**：據《法句譬喻經》所載，佛告訴比羅陀：「安意快用勿有疑難，汝之履信不違父教，持戒慚愧沒命不二，聞施慧道七財滿具，福德所致非為災變。智者能行，不問男女所生之處，福應自然。」接著世尊又說偈語：

「信財戒財，慚愧亦財，聞財施財，慧為七財。
從信守戒，常淨觀法，慧而履行，奉教不忘。
生有此財，不問男女，終已不貧，賢者識真。」

從這偈語來看，比羅陀家中庫藏寶物盈滿，應指「七財」寶，即：信財、進財、戒財、慚愧財、聞財、捨財、定慧財。信財，謂信能決定受持正法；進財，謂一心精進求出離道；戒財，謂戒為解脫之本，能防身口意之非，止身口意之惡；慚愧財，謂既能慚愧，則不造諸惡業；聞財，謂若能聞佛聲教，則開發妙解，如說而行；捨財，謂若能運平等心，無憎、無愛，身命資財，隨求給施，無所吝惜；定慧財，定慧即止觀也，定則攝心不散，止諸妄念，慧則照了諸法，破諸邪見。所以，佛教的財富觀並不侷限在有形的物質，而是涵蓋的一切有形無形的成佛之資財。

貧錢辦食

羅閱城中的百姓們聚集一起商量，每家發心各拿出百錢來供養佛及僧眾弟子。其中有個叫雞頭的婆羅門，家中非常貧寒，一時拿不出錢來供養。大家就對他說：「你既然沒有錢，就離開這裡吧。」

雞頭悶悶不樂地回到家中，憂愁地對他的妻子說：「我沒有錢可以參加供佛齋僧的活動，他們就要我馬上離開。」妻子說「也許你可以去弗賒蜜多羅長者家裡借些錢來供養。」雞頭便去了弗賒蜜多羅長者家中借錢，並對長者保證一定如期歸還，如果不還，他和妻子都願意做他的奴婢。於是長者就借了他一百錢。雞頭拿著借來的錢參加供佛齋僧，他對大家說：「現在我手上有錢了，我也要一起參加供養。」然而，大家對雞頭說：「我們都準備好了，現在不缺你的錢了。」雞頭只好又垂頭喪氣地回返家裡。

夫婦二人於是一起來到佛前，恭恭敬敬地禮拜，然後將事情告訴了佛。佛就對雞頭說：「你們就自己來供請佛與眾僧吧。」雞頭聽從了佛的話，自己獨自營辦齋飯。這時，天帝釋見到雞頭的發心，於是對毗沙門天王說：「你去幫助這位雞頭婆羅門準備營辦齋飯吧。」又請毗濕波伽摩天子也變出了一座高大的講堂。夫婦二人遵從了佛的命令去做，佛又告訴雞頭說：「你可以到王宮去請國王一起來受供。」於是雞頭便到王宮，請國王來講堂受供。

隔天，國王與隨從群臣都來到了講堂，佛與眾弟子在天龍的護佑下也來了，他們一起接受了雞頭的齋食。佛用完齋飯在講堂上為大眾講經說法，國王和大臣都十分讚歎與高興。

◀貧寒的婆羅門想參與齋僧供佛，便籌錢供養。天帝見其發心至誠，以神力幫助他。佛與僧眾，以及國王大臣皆受供養。人有善願，天必從之。

貸錢辦食❶

經律異相云。羅閱城人民聚集共議。各出百錢。飯佛及僧。有雞頭婆羅門。貧無錢財。以助彼眾。眾人語言。汝無錢財。宜速出去。雞頭便還。憂愁謂妻言。我無錢財。助眾飯佛。諸人驅我速出。婦答言。汝可至弗賒密多羅長者舍。從其假貸。便往求告。十日當償。若不還者。我身及婦當為奴婢。長者便貸金錢百枚。持詣眾中言。今我得錢。聽我在次。眾語雞頭言。已辦。不須卿錢。雞頭便還。夫婦二人。詣世尊前。恭敬頂禮。具以白佛。佛告雞頭。汝便請佛及僧。雞頭受教。遂請佛僧。時天帝釋。語毗沙門天王。汝佐此婆羅門辦食。復語毗濕波伽摩天子。汝可化作高廣講堂。俱答言受教。佛告雞頭。汝可請王共一日食。即至王所。白王。願大王明日受請。集佛講堂。時王嚴駕。群臣圍遶。佛與眾僧。天龍擁護。往詣講堂。受雞頭食。呪願食已。說微妙法。王及大臣。皆大歡喜。

原典註解

①**貸錢辦食**：據《經律異相》所載〈雞頭以身質錢欲飯佛僧帝釋所助乃及於王〉，出於《羅閱城人民請佛經》。內容載雞頭夫婦到佛僧住的精舍，向佛說明來意，佛早已知道雞頭至誠的心意，便應允了。而忉利天天主釋提桓因也被雞頭誠心所感動，願意幫他完成這椿心願，於是派遣四天王毗沙門下來幫助雞頭，毗沙門天王化作人身，在園中變現一口鐵廚，叫五百羅剎拿旃檀香當柴薪。雞頭便在園中的鐵廚裡用旃檀香煮飯，飯香傳遍十二由旬遠。釋提桓因又要毗濕波伽摩天子化作高廣的講堂，讓佛及和僧眾能坐著吃飯。毗濕波伽摩天子很快來到竹園，化一座講堂，以七寶裝飾一千二百五十個座位，燒種種的香。世尊告訴雞頭，請國王一同來供養。隔日清晨，毗沙門天王幫雞頭沐浴，為他準備衣裳。雞頭手持香鑪，面向世尊的處所，頂禮祈請。佛與眾僧前來講堂，依次第而坐。國王由群臣擁護而來，也送來了甘美的佳饌，隨喜協助雞頭，完成供養佛僧的心願。雞頭雖窮無分文，還得賣身借貸，但由於他有至誠的願力，因此感動天人襄助，這故事啟示，如古德所言：「人有善願，天必從之。」

談樂佛至

某天，佛在舍衛國祇樹精舍，有四個新學的比丘在樹下談笑。園中花草繁茂，清香飄逸。四人相互談論著一些話題，到底世間萬事，什麼才是最快樂的？其中一個比丘說：「仲春時，草木繁榮，在原野遊玩，使人心曠神怡，這是人生最快樂的事了。」另一個比丘說：「能和親友聚會，音樂歌舞做伴，這是人生最快樂的事了。」接著，另一個比丘說：「如果能聚集很多財富，想什麼就有什麼，出入可以坐寶馬車、穿華麗衣服，出入光耀，引人注目，這是人生最快樂的事了。」最後一個比丘說：「如果妻妾端莊美麗，衣著華美，芬芳四溢，可以恣意行樂，這是人生最快樂的事了。」

佛在一旁聽了四比丘的談話，便來到他們中間，告訴他們：「你們剛剛所討論的這些，其實都是走向愁苦、危險、滅亡的道路，因為人生並沒有長久的快樂。世間萬物，在春天繁茂花開，秋冬時節就必然開始枯萎；親友們的聚會同歡，最終也是有別離的時刻；財富珠寶再多，最終也會被火、水、盜賊、子孫所瓜分；妻妾美色，其實都是愛與恨的根源。縱樂失去之後，會使人產生憂苦，貪欲過強反而使人畏懼失去，如果沒有那些貪欲，也就沒有憂苦，沒有畏懼。世間凡夫俗子為人處世，如果只是恣意而行，將會招惹禍患，有時還會危及自身，甚至拖累親人。所以，世間許多事物的背後，實際上存在著無窮無盡的憂苦與恐怖，無形的災難，無數痛苦的根源，都是因為貪欲愛樂所引起。」

四比丘聽了佛的開示，恍然覺悟，於是斬斷了種種欲念，懺悔慚愧，一心求道，不再貪圖虛無的榮華富貴，最終都證得阿羅漢果。

◀ 四比丘論世間最樂事，有說春旅遊樂；又說親友相聚；或說財富馬車華服；或說妻妾美麗。佛說：若樂失而苦將至，若無貪欲，便無憂苦，便無畏懼。

談樂佛至

談樂佛至

法句經云。佛在舍衛國。祇樹給孤獨園精舍。時有四新學比丘[1]。至柰樹下。經行遊戲。柰華榮茂。色好且香。因相謂曰。世間萬事。何者可樂。一人言。仲春之月。百木榮華。遊戲原野。此最為樂。一人言。宗親吉會。觴酌交錯。音樂歌舞。此最為樂。一人言。多積財寶。所欲即得。車馬服飾。與眾有異。出入光顯。行者矚目。此最為樂。一人言。妻妾端正。綵服鮮明。香熏芬馥。恣意縱情。此最為樂。佛知。即至其所。告言。汝等所論。盡是憂畏危亡之道。非是永安最樂之法。萬物春榮。秋冬衰落。宗親歡樂。皆當別離。財寶車馬。五家之分。妻妾美色。愛憎之本。愛樂生憂。貪欲生畏。解無貪欲。無憂無畏。凡夫處世。興招怨禍。危身滅族。憂畏無量。三途八難。苦痛萬端。靡不由之。是四新學比丘。聞說此義。心意開悟。滅意斷欲。慚愧悔過。一心求道。志存無為。不貪榮利。得羅漢道。

原典註釋

①**四新學比丘**：據《法句譬喻經》〈好喜品〉第二十四，佛說了這偈言：

愛喜生憂，愛喜生畏，無所愛喜，何憂何畏？
好樂生憂，好樂生畏，無所好樂，何憂何畏？
貪欲生憂，貪欲生畏，解無貪欲，何憂何畏？
貪法戒成，至誠知慚，行身近道，為眾所愛；
欲態不出，思正乃語，心無貪愛，必截流度。

接著，佛又告訴這四位比丘，過去有一國王名曰普安，與鄰國四王共為親友，請此四王宴會。臨別之日，普安王問四王：「人居世間以何為樂？」一王說：「遊戲為樂。」一王說：「宗親吉會，音樂為樂。」一王說：「多積財寶，所欲如意為樂。」一王說：「愛欲恣情，此最為樂。」普安王說：「你們所說，是苦惱之本，憂畏之源，前樂後苦，憂悲萬端，皆由此興。不如寂靜無求無欲，淡泊守一，得道為樂。」佛告訴四比丘，當時普安王者，我身是也；四王者，汝四人是也。四比丘重聞此義，慚愧悔過，心意開悟，滅意斷欲，得羅漢道。

說苦佛來

某天，祇園精舍中有四個比丘在討論著世間是最苦的事。一位比丘說：「淫欲最苦。」一位比丘說：「饑渴最苦。」另一位比丘則說：「瞋怒最苦。」一位比丘說：「驚怖最苦。」當他們正在爭論不休時，佛知道了，便來到他們之間詢問究竟。四位比丘將所爭論的事告訴了佛，請佛來評斷。

佛說：「你們所爭論的這些都不是苦的根本。天下最苦的，莫過於這色身。無論是饑渴、寒熱、瞋惱、淫欲、災禍等等，都來自於身。這是眾苦的根本，是禍患的源頭。有人勞心極慮；有人憂畏萬端；有的欲望橫生，你爭我奪，甚至彼此殘殺等等。被束縛在生死輪迴之中。想要擺脫世間的苦，就應當求寂滅，攝心守正，泊然無求，才能求得涅槃之境，這才是真正的快樂。

「過去有個僧人，入深山學道，附近剛好遇有四種動物，這四種動物白天出門覓食，夜間回到住處。某天晚上，這四種動物也一起談論世間最苦的事。鴿子說：『依我看來，色欲最苦了，淫念起時，使人無所顧忌，危身失命，世間諸苦皆由此來，所以色欲最苦。』烏鴉說：『饑渴的時候，身體虛弱，神志不清，就可能自投羅網，我們鳥類的喪身，大多如此，所以饑渴是最苦的了。』蛇接著說：『惱怒一旦生起，就不認親疏遠近，既能殺人，也能殺害自己，所以惱怒最苦了。』鹿說：『我在林野中，心裡常常恐怖畏懼，害怕遇到獵人，也怕豺狼虎豹，一旦聽到風吹草動，便驚慌逃竄，甚至不幸跌落坑陷，所以說，驚怖是最苦的了。』」

聽完這些鳥獸的討論，比丘大歎：「天下最苦莫過於身呀！」

◀四比丘在論世間苦之事，比丘或說淫欲最苦，或說饑渴最苦，或說瞋怒最苦，或說驚怖最苦。佛說：「天下最苦的，莫過於此身。當求寂滅涅槃之境。」

說苦佛來

說苦佛來[1]

法句經云。祇園精舍。有四比丘。共相議言。世間何者最苦。一言婬欲。一言饑渴。一言嗔恚。一言驚怖。共諍不止。佛知。往到其所問言。以事白佛。佛言。汝等所論。不究苦義。天下之苦。莫過有身。饑渴寒熱。嗔恚色欲。怨禍皆由有身。夫身者眾苦之本。患禍之源。勞心極慮。憂畏萬端。三界蠕動。更相殘賊。吾我縛著。生死不息。皆由身故。欲離世苦。當求寂滅。攝心守正。泊然無想。可得涅槃。是為最樂。昔有比丘。入山學道。時有四禽。鴿烏蛇鹿。依附左右。晝行求食。暮則還宿。一夜自相問言。世間之苦。鴿言。色欲熾盛。無所顧念。危身滅命。莫不由之。烏言。饑渴之時。身羸目冥。神識不寧。投身羅網。喪身失命。莫不由之。蛇言。嗔恚一起。不避親疎。亦能殺人。復能自殺。鹿言。常畏獵人。及諸狼虎。彷彿有聲。奔走坑岸。以此言之。驚怖為苦。比丘歎言。天下大苦。無過有身。

原典註釋

①**說苦**：《道德經》第十三章曰：「何謂貴大患若身？吾所以有大患者，為吾有身，及吾無身，吾有何患？」這意思是說，我之所以有大患，是因為我有這個身體；如果我沒有這個身體，我還會有什麼禍患呢？這與本文中佛的開示：「天下之苦，莫過有身。饑渴、寒熱、瞋恚、色欲、怨禍，皆由有身。夫身者眾苦之本。患禍之源。」兩者似乎有異曲同工之妙。

佛教關於「苦」的說法，如《雜阿含經》卷八：「純大苦聚集，是名增長法。耳、鼻、舌、身、意亦復如是，是名增長法。」又《雜阿含經》卷九：「耳、鼻、舌、身、意、法、意識、意觸、意觸因緣生受，內覺若苦、若樂、不苦不樂，是名世間。所以者何？六入處集則觸集，如是乃至純大苦聚集。」這是說，因為這個身的六根攀緣，而不斷追求，而有種種苦惱的大聚集。而這個身，在佛教稱之「五蘊身」或「五陰」，即色、受、想、行、識五蘊之積聚，一切眾生皆積聚五蘊以成身，又因此，身積聚有為煩惱等法，而受無量生死也。色蘊即色陰，即物質的積聚、障礙、蓋覆之義，指眼、耳、鼻、舌、身諸根和合積聚，這是身所受的苦，而受、想、行、識四蘊，則是心理層面所受的苦，然而，無論身的苦或心的苦兩者都同時互相影響著，故說五蘊身為苦。

老乞遇佛

世尊來到舍衛城，遇到一位年老體衰的婆羅門，拄著枴杖，捧著碗，挨家挨戶四處乞討。世尊走上前去關心他：「老先生，你是怎麼了呢？」年老的婆羅門回答：「世尊，您有所不知，這說來也真夠讓人傷心的。我本來辛苦存了很多錢財，為了兒子娶媳婦，就把所有的錢都給了兒子，沒想到兒子竟然把我趕出家門，如今流落到這種地步，也只好乞討維生了。」

佛便安慰老人說：「我就說一段話給你聽聽，不知你能否把它記下來，回去說給你兒子聽。」年老的婆羅門說：「我能記下來，您說說。」世尊就說了一段話給他：「兒子出生時，我是多麼歡喜，希望他將來有成，還為他存聚財物，又為他聘娶妻，但他與妻子共謀，把我趕出家門。不善卑鄙的兒子，聲聲叫我爹，卻是人形而羅剎心，棄捨我年老的父親。如今我已是衰老無用的馬，被奪取了食物，這愚癡兒令他的老父家家去乞討。我的枴杖還比那不忠實的兒子好用得多，還能驅趕凶惡的牛，以及凶惡的狗。扶著我在黑暗處行進，避開深坑洞井，跌倒還能爬得起來，都憑仗這枴杖的力量。」

老婆羅門馬上記下了佛的這段話，回到了自己的家門前。他向眾人高聲朗誦這段話，沒想到他兒子聽了之後愧疚不已，趕緊把父親抱進屋裡，為老父洗浴更衣，不但留父親在家，還尊敬他為一家之主。這時老婆羅門感慨萬千，心想：「今天蒙世尊的恩德，世尊的確為我師。現在我就拿上幾件好袈裟獻給世尊，以表達我的敬意。」於是他來到佛所，頂禮膜拜，對佛說：「但願世尊能悲憫我，接受這些袈裟。」世尊便接受了這些袈裟，然後又為婆羅門講了許多佛法，婆羅門聽聞法教得益，心中充滿了歡喜。

◀ 老父被兒子趕出家門，拄著枴杖乞食。佛教他說一偈：「我的枴杖勝過那不忠實的兒子，能驅牛狗，扶我走路。」兒子遂慚愧悔改，為老父更衣沐浴。

老乞遇佛

老乞遇佛❶

經律異相云。爾時世尊。入舍衛城。有一婆羅門。年耆根熟。執杖持器。家家求乞。世尊告曰。汝何以爾。答言世尊。我有財物。為子娶妻。悉已付了。然後捨是。持器乞食。佛復告曰。汝能於我法受誦一偈。還為兒說。答佛能受。世尊即說偈言。生子心歡喜。為子聚財物。復為娉娶妻。而自捨出家。邊鄙田舍兒。違負於其父。人形羅剎心。棄捨於老父。老馬復無用。則奪其豆草。子少而父老。棄捨行乞食。曲杖為最勝。為我防惡牛。能却暴惡狗。扶我暗處行。避深坑空井。憑仗於杖力。時婆羅門。從佛受偈。還至家門。先白大眾。說如上偈。其子愧怖。即抱其父。還將入家。洗浴父身。換父衣服。立為家主。時婆羅門。作是念言。我於今日。蒙世尊恩。如經所說。是為我師。我今持上妙衣。至世尊所。頂禮佛足。而白佛言。願受此衣。哀愍我故。世尊即受。更說種種妙法。示教利喜。

原典註釋

① **老乞遇佛**：《經律異相》這個故事，同樣見於《雜阿含經》九十六經，《別譯雜阿含經》二百六十二經，南傳《相應部》婆羅門相應七相應十四經等。佛陀所教授的偈子，以枴杖與不孝子對比，描述得非常生動，偈子原文在《雜阿含經》卷四：

「生子心歡喜，為子聚財物，亦為娉其妻，而自捨出家。邊鄙田舍兒，
違負於其父，人形羅剎心，棄捨於尊老，老馬無復用，則奪其穬麥，
兒少而父老，家家行乞食，曲杖為最勝，非子為恩愛，為我防惡牛，
免險地得安，能却凶暴狗，扶我闇處行，避深坑空井，草木棘刺林，
憑杖威力故，峙立不墮落。」

同樣內容，此偈子在《別譯雜阿含經》卷十三：

「生子太歡喜，為之聚財寶，各為娶妻子，而便驅棄我。此等無孝慈，
口言為父母，如彼羅剎子，垂死驅棄我。譬如馬槽櫪，滿中置穀麨，
少馬無敬讓，驅蹋於老者。此子亦如是，無有愛敬心，棄我使行乞，
不如杖愛我。我今捉此杖，御狗及羊馬，行則佐我力，闇夜為我伴。
指水知深淺，若趺扶杖起，蒙杖除多聞，是杖愛念我。」

而在南傳大藏經的翻譯，出《相應部經典》卷七：

「我素喜其生，我希其生長，彼等與妻謀，逐我如豚犬，雖非喜賢者，
亦呼我為父，唯子夜叉形，捨去我年老，如老哀弱馬，不予飲食物，
我乃此子父，雖身為長者，但乞他家食，有此不孝子，不如我枴杖，
可拂逐猛牛，亦可逐猛犬，暗中能導我，在於深溪時，並作定足基，
依此枴杖力，倒而又得起。」

可知此故事在原始佛教就受到重視，並普為流傳。

度網漁人

舍衛國的東南邊，有一條大江，江水極深又寬廣。岸邊住了五百多個漁民。他們從未聽聞過能用道德來化度世人。平時他們剛強勇武，以捕魚維生，謀得一點私利，也算是愜意自得。佛知道這些捕魚人有化度因緣，於是來到了江邊，坐在大樹下。

村中人見到佛全身放光，便對佛肅然起敬，都來到佛前行禮，有的人叩頭，有的人作揖，並問佛陀的生活起居情況。佛讓他們都坐下，為他們說法。但是他們聽了之後，心裡卻不願相信。

這時佛變出一個人，那人從江南岸踏水而來，他的腳踏在水裡，腳踝也沒有沉入。這人來到佛前，跪下禮拜。眾人見此情景，都非常驚訝，詢問這個人說：「我們祖先自從來此之後，一直住在江邊，從來也沒聽說有人能在水上行走。你倒底是什麼人？修什麼道術呢？竟然能夠走在水上而不沉沒？」這人回答說：「我是江南那邊愚鈍之人，聽說佛來這裡說法，我急著想聽佛講經，便來到岸邊，但沒辦法渡河。我就問岸邊的人，這水有多深，岸邊的人就告訴我，水只到腳踝而已，我就相信了他們說的話，所以就這麼走來了，我也沒什麼特別的道術。」佛稱讚這人說：「善哉！善哉！心誠則靈，只要你篤信正法，必定夠跨越生死深淵，這幾里寬的江又何足為奇呢？」

這時江邊漁村的人便耐心地聽佛為他們說種種法，個個都心開意解，發起信心。他們請求佛為他們授三皈五戒，成為了佛教信徒。

◀佛欲度江岸漁人，化現一人踏江水而來，腳踝未沉。眾人驚問，此人說：「我急著聽佛說法，聽說此江水只到腳踝，深信所言，便走了過來，並無奇術。」

度綱漁人

度綱漁人

法句經云。舍衛國城東南。有大江水。既深而廣。有五百餘家。在岸邊住。未聞道德。度世之行。習於剛強。捕魚為務。貪利自恣。快心極意。佛知此家。福應當度。往至水邊。坐一樹下。村人見佛。光明奇異。莫不驚肅。皆往禮敬。或拜或揖。問訊起居。佛命令坐。為說經法。眾人聞之。而心不信。佛化一人。從江南來。足行水上。止沒其踝。來至佛所。稽首禮佛。眾人見之。莫不驚怪。問化人曰。吾等先人已來居此江邊。未曾聞人行水上者。卿是何人。有何道術。履水不沒。化人答曰。吾是江南愚冥之人。聞佛在此。貪樂道德。至南岸邊。不能得度。問彼岸人。水為深淺。彼人答言。水可齊踝。吾信其言。便爾能過。無他異術。佛贊化人言。善哉善哉。夫執信誠可度生死之淵❶。數里之江何足為奇。時江邊村人。聞佛說種種法。心開意解。皆發信心。求受三歸。及受五戒。為清信士。

原典註釋

①**執信誠可度生死之淵**：這個故事，妙在「化人」的回答，其一，聽聞佛法的急切之心，其二，只是一種簡單的相信，就越過了彼岸，並不需要什麼特別的奇特怪異之術，最後，以「信誠可度生死之淵」，點出此故事最重要的旨趣。這是一種很妙的比喻，如《大智度論》卷一云：「佛法大海，信為能入，智為能度。」《大方廣佛華嚴經》卷六：「信為道元功德母，增長一切諸善法，除滅一切諸疑惑，示現開發無上道。」這是說信為修行的前導，切功德來源，如母親能守護、增長一切善法，也能除滅一切疑惑。《雜寶藏經》有典故〈老比丘得四果緣〉：「佛法寬廣，濟度無涯，至心求道，無不獲果，乃至戲笑，福不唐捐。」這故事是說一老比丘問年少比丘們：「我聽見你們在討論四果位，我也想得到這四種果，你們可以給我嗎？」於是少年比丘們要求他供養，然後傳授給他四果位，老比丘果真照著去做，但少年比丘竟然捉弄他，拿起四個球，一顆顆打中老比丘的腦門。但說也奇怪，當四顆球打完時，老比丘因為深信不疑，一心專注，沒有絲毫的雜念，他真的就證得了最高的四果位，老比丘在證四果後，具足神通智慧，也才知道這原本是一場玩笑遊戲，但他還是很感謝這些年少比丘，於是又再次供養他們。或許是一個誤打誤撞的證果因緣，但故事說明了純粹「信」的力量。

佛度屠兒

有五百個外道，意圖要誹謗攻擊佛。某日，他們一起商量計謀：「我們可以找個屠夫殺死牲畜，然後供養佛和祂的弟子們。佛一定會接受供養，並讚歎這位屠夫。這時候，我們就一起上前去譏諷他們，讓眾人知道他們殺生吃肉。」這天，屠夫前往邀請佛，佛果然接受了請求，並對屠夫說：「果子如果成熟了，就會自然落下，一個人緣成熟了，自然也會得到度化。」屠夫回去之後，便開始準備餐食。

佛和弟子們果然如其赴約來到屠夫家。那些外道得知這消息後，心中竊喜，心想：這次我們終於可以有機會攻擊佛的漏洞了。到時候，如果佛誇讚屠夫，為屠夫祝願時，我們就以屠夫有殺生之罪，來譏諷他們；如果佛指責屠夫的殺生之罪，我們就以屠夫誠心供佛及祂的弟子的因緣來責問祂。這兩者之中，總有一條理由可以責難祂，看祂要如何解釋。

佛來到了屠夫家中，隨即而坐，隨意吃了些素食。這時佛觀察這些人之中，有些是可以化度的，於是祂放大光明，照明了整座城，發出微妙聲音，說一段話：「**如真人教，以道活身，愚者嫉之。見而為惡，行惡得惡，如種苦種。習善得善，亦如種甘。作惡自受罪，造善各自受福，果報各自熟，不互相取代。**」外道聽完這段話，恍然大悟，領悟佛所要給他們的教化，於是上前頂禮，接受佛的教誨，並請求佛慈悲度化，佛隨接受了他們的請求，也准許他們剃度出家。屠夫看見佛的種種教化，也心生歡喜，因此見道。世人都稱他為賢友，不再稱他是屠夫。

◀外道謀找屠夫殺生烹食來供養佛，以譏諷佛食殺生之肉。佛如期赴約，餐後開示：「作惡與造善，果報各自受，不相取代。」外道及屠夫皆開悟受度化。

佛度屠兒

法句經云。有五百外道。常求佛便。欲誹謗之。自共議言。當使屠兒殺生。請佛及僧。佛必受請。讚歎屠兒。吾當詣前。而共譏之。佛即受請。告屠兒言。果熟自墮。福熟自度。屠兒還歸。供設飲食[1]。佛及眾僧。到屠兒舍。梵志大小。皆共歡喜。今日乃得佛之便耳。若讚福者。以其前後殺生作罪。持用譏之。若當說其罪者。當以今日之福難之。二者之中今乃得便。佛到即坐。行水下食。於是世尊觀察眾心。應有度者。即便出舌覆面。放大光明。照一城內。出微妙音。說偈呪願。如真人教。以道活身。愚者嫉之。見而為惡。行惡得惡。如種苦種。惡自受罪。善自受福。亦各自熟。而不相代。習善得善。亦如種甘。五百梵志。意自開解。即前禮佛。五體投地。來受聖訓。唯願哀育。得為沙門。佛即聽受。皆為沙門。屠兒大小。見佛神變。莫不歡喜。皆得道跡。民人皆稱賢友。無復屠兒之名。

《原典註釋》

①**飲食**：關於飲食的部分，原始佛教承襲佛陀時代托缽乞食，故有所謂「三淨肉」，此乃許可比丘食用而不犯戒的三種淨肉，據《十誦律》卷三十七載：一、不為我殺，且不見其殺者。二、不為我殺，且不聞被殺之聲者。三、不疑殺，無為我而殺之嫌者。在此三種情況下，比丘可食「三淨肉」。由於南傳佛教依循小乘律，故出家人仍可肉食，藏傳佛教也不忌葷辛。但漢傳大乘經典與《菩薩戒梵網經》有斷肉食之說，〈菩薩心地戒品〉：「若佛子故食肉，一切肉不得食。斷大慈悲佛性種子，一切眾生見而捨去，是故一切菩薩不得食一切眾生肉。食肉得無量罪，若故食者，犯輕垢罪。」

食肉違反大慈悲之精神，故大乘戒法《梵網經》四十八輕戒中，列有食肉戒，除身罹重病者例外。《入楞伽經》〈遮食肉品〉：「大慧！我觀眾生從無始來，食肉習故，貪著肉味，更相殺害，遠離賢聖，受生死苦；捨肉味者，聞正法味，於菩薩地，如實修行，速得阿耨多羅三藐三菩提。」《大乘入楞伽經》：「凡殺生者多為人食，人若不食，亦無殺事，是故食肉與殺同罪。」意即戒殺與素食乃一事之兩面。不過，中國佛教的全面素食，有其歷史背景，中國佛教在梁武帝即位後積極推廣《斷酒肉文》和《菩薩戒梵網經》，才使中國佛教全面素食。事實上，當時佛教律典中，素食是找不到根據的。唐釋道宣的《廣弘明集》卷二十六收錄梁武帝的《斷酒肉文》，才確立為中國漢地僧眾素食傳統的重要文獻。

度捕獵人

羅閱祇國有一山，山林茂密，山下人家，長年以捕獵為業。某天，佛來到此處，在樹下大放光明，照得群山明亮，山中樹木、石頭都成了金色。那時山中男子都出外打獵，只有婦女留在家中，她們看見佛光四射，便都來到佛前禮拜。

佛就對這些婦女說：「殺生會有罪報，只有仁慈才能得福報。夫妻之間的恩愛也是短暫的，終有別離的時候。」婦女們聽了，對佛說：「我們山中以狩獵為食，我們想供養您，希望您能接受。」佛說：「佛門戒規不殺生，不食肉食，所以你們就不用準備食物了。」接著又對她們說：「世間能食用的東西很多，為什麼不用對身體有益的食物呢？殺害生靈來養活自己性命，死後將墮惡道。吃五穀雜糧，可以延壽；殺生食肉，則會多病夭亡。以殺生為食，罪業無量。慈仁不殺生，就沒有業報來臨的憂患。」

這時，男子們打獵回來，見婦女們都坐在佛面前聽法，心生怨恨，取出了弓箭，想要射殺佛。婦女急忙勸阻說：「祂是聖人，你們千萬不要有惡念。」男子們聽了勸告，都過來向佛懺悔頂禮。

佛又對他們說：「不殺生才能得福，殺生會有罪報。人不應殺害生靈，應存仁心，慈憐一切眾生，博愛救濟，福業才會相隨，這利益，在命終時能轉生天上。」那些獵人們聽了，都願意歡喜信受佛法，並接受了三皈五戒。

◀佛來到獵人處，在樹下大放光明，婦女見佛皆頂禮，佛勸發慈仁心，說殺生罪報，及不殺生之功德，獵人男子們回家後，亦得度，受三皈五戒。

度捕獵人

度捕獵人

法句經云。羅閱祇國有山。山下人生長山林。殺獵為業。佛詣其所。坐於樹下。佛放光明。照曜山中木石。皆作金色。山中男子。俱出行獵。唯有婦女。見佛光明。來詣佛所。悉皆禮拜。佛即為諸母人。說殺生[1]之罪。行慈仁之福。恩愛一時。會有別離。諸母人白佛言。山民務獵。以肉為食。欲設微供。願當納受。佛言。諸佛之法。不以肉食。不須復辦。因告之曰。夫人生世。所食無數。何以不作有益之食。而殘害群生。以自濟活。死墮惡道。損而無益。人食五穀。增延壽命。殺生食肉。多病夭亡。殺彼活己。罪業無量。慈仁不殺。所適無患。男子獵還。見諸婦女。皆坐佛前。嗔恚彎弓。欲圖害佛。諸婦諫曰。此是聖人。勿興惡意。即各悔過。為佛作禮。佛重為說不殺之福。殘害之罪。人能不殺。行大仁慈。當愍眾生。博愛濟眾。福常隨身。在所得利。死昇梵天。獵人聞已。歡喜信受。皆受五戒。

原典註釋

①**殺生**：即殺害人、動物等一切有情生命。《三藏法數》：「殺生者，謂自殺，亦教人殺，斷害一切眾生之物命也。」殺業為十惡業之第一，五戒、八戒、十戒，皆有殺生戒，並列在首要，諸功德中，以不殺為第一。因為世間中惜命為第一，《大智度論》卷十三：「佛說十不善道中，殺罪最在初；五戒中亦最在初。若人種種修諸福德，而無不殺生戒，則無所益。何以故？雖在富貴處生，勢力豪強而無壽命，誰受此樂？以是故，知諸餘罪中，殺罪最重；諸功德中，不殺第一。世間中惜命為第一。何以知之？一切世人，甘受刑罰刑殘考掠以護壽命。」從原始佛教至大乘佛教，皆為佛教徒最重要之實踐德目。

關於殺生的業報，《分別善惡報應經》卷二：「殺生十者：一冤家轉多，二見者不喜，三有情驚怖，四恒受苦惱，五常思殺業，六夢見憂苦，七臨終悔恨，八壽命短促，九心識愚昧，十死墮地獄。」大乘佛教為了避免殺生，而禁止食肉，推廣素食，更以放生為其積極作為。

無量壽會

佛與眾弟子在王舍城耆闍崛山中，某日，阿難見佛容色特別的光彩，比往日更為妙好，就問佛：「世尊您今日入大了寂定，一定獲得了奇特，想必您是在念過去諸佛，或念現在不同世界的諸佛。否則為什麼您今天的光明是如此的殊勝微妙，這是我從來所未曾見過的？」

於是，佛便告訴阿難說：「久遠劫有一尊佛，名世自在王如來。有一位國王，因為聞佛說法，而發無上之心，棄國出家，號稱法藏比丘；祂於世自在王如來面前，廣發了四十八大願，一心專志要建立莊嚴國土，以攝受無量的眾生。所以，成就了廣大的國土，超勝而獨妙，一切完不備。法藏比丘在成佛後，號稱阿彌陀佛。眾生只要聽聞了祂的名號，能一心稱念，回向、發願求生彼國，臨命終時，阿彌陀佛便會接引其往生極樂世界，並於蓮花中化生，身為真金色，三十二相好，具足一切神通智慧，得不退轉，乃至一生成佛。這一切皆由阿彌陀佛願力護持緣故。至心發願往生淨土的十方世界眾生，大致可分為三輩：上輩往生者，棄離世俗出家修道，發菩提心，一向專念阿彌陀佛名號，修諸種種功德；中輩往生者，雖未出家，也一樣要發菩提心，一向專念阿彌陀佛名號，並廣修種種功德；下輩往生者，雖未修諸功德，只要發菩提心，一向專念阿彌陀佛名號，乃至十念或一念，能至心懇切持念佛名號，亦可得往生佛土。」

其後，佛又向彌勒菩薩交付：「極樂世界如此清淨莊嚴，殊勝安樂，無與倫比，眾生應努力行善，以求無量壽土；不應於此濁惡極苦的國土中爭鬥無關緊的事。你等諸菩薩，應當教誡一切眾生。於將來世間，正法漸漸滅盡之時，我將以慈悲神力，留此經住世，度苦無量眾生。」

◀阿難見佛容色特異光彩，便詢問佛，佛便宣說法藏比丘四十八大願，成就極樂佛土，號稱阿彌陀佛。眾生若一心稱念，便能蒙佛接引往生。

無量壽經[1]云。佛住耆闍崛山。與大眾俱。阿難見佛容色異常。仰白世尊。得無今佛。念過去佛耶。何故乃爾。佛告阿難。過去有佛。名世自在王。時有國王。發無上心。棄國出家。號曰法藏。對佛廣發四十八種大願。嚴土攝生。故其成佛。國土開廓廣大。超勝獨妙。進道勝緣。無所不備。佛號阿彌陀。眾生聞者。一心回向。願生彼國。即於彼土。蓮花化生。身真金色。三十二相。神通智慧。不可思議。登不退轉。以彼佛願力所持故。眾生往生。凡有三輩。上輩者棄欲出家。發菩提心。專念彼佛。大修功德。中輩者雖不出家。發菩提心。專念彼佛。隨分修善。下輩者不能作諸功德。當發菩提心。專念彼佛。乃至十念一念。念於彼佛。亦得往生。佛告彌勒。彼土清淨。安樂若此。眾生何不努力為善。自求壽樂。乃於此劇惡極苦之中。共爭不急之事。汝等當善為教誡。當來經道滅盡。我以慈悲獨留此經。止住百年。度苦眾生。

原典註釋

①**無量壽經**：現行本依《開元錄》而作，三國曹魏嘉平四年（西元二五二年）康僧鎧譯。亦出現在《大寶積經》第五會〈無量壽如來會〉，為唐菩提流志譯。此經的漢文譯本，前後約有十二種版本之多。此經在印度已頗為流行，一般認為，在一至二世紀印度貴霜王朝時期，流行於犍陀羅地區。

此經與《阿彌陀經》、《觀無量壽經》合稱淨土三部經。相對於《阿彌陀經》之被稱為「小經」，本經則被稱為「大經」，為淨土教之根本聖典。主要敘述無量壽佛之因地修行與果滿成佛，國土莊嚴，攝受十方念佛眾生往生彼國等事，凡位具攝三輩，唯除五逆十惡，誹謗正法。最受重視的，為其因地所發第四十八大願，稱：「十方眾生，至心信樂，欲生我國，乃至十念，若不生者，不取正覺。」故傳到中國後，影響甚深，慧遠即在廬山設白蓮社，弘揚念佛法門，為中國淨土宗之初始。東魏曇鸞作《往生論注》，立難行、易行二道之說。此後，歷代注疏不絕。

在日本，有日僧慧隱入唐求法，回國後即宣講此經。日本淨土宗開創者源空、淨土真宗創立者親鸞更是專依此經，發揮他力易行之宗義，此經在日本的弘傳極盛。十九世紀中，在尼泊爾發現此經梵本，一八八二年英國馬克斯．繆勒和日本南條文雄據以刊行，之後又以英文譯出，收於一八九四年出版的《東方聖書》。因而近代學者疑此經梵本有數種異本，目前發現的梵文抄本已有二十五種之多，包括在中國發現的中亞驢脣體文本。此經另有勝友、施戒與智軍合譯的藏文本，收於藏文大藏經甘珠爾中。

佛化醜兒

城中長者生了個如鬼般的醜兒，於是他的父母決定將他棄養，但他即使走在路上，路人也避之唯恐不及，對他指指點點的，於是他只好隱匿在偏遠的山林裡，每天靠著樹上的果子裹腹維生，然而，就連樹上小鳥見到他，也會驚嚇而飛，他只好躲藏在一個沒有人和動物的地方。

某日佛陀和弟子們路過山林看到這醜兒，這孩子一聽到人的走路聲音，便倉皇逃離。由於度化的因緣已成熟，佛陀便讓弟子們在一旁樹下禪坐，祂了解這孩子自卑恐懼的心情，於是化做和那孩子一樣醜陋的人，拿著一個缽，裝滿豐盛的食物，慢慢地靠近那孩子。那醜孩子看到一個跟自己一樣醜陋的人向他善意地走來，心想：這醜陋的人跟自己好像，應該是自己的同伴。孩子卸下了心防，也很開心，因為終於找到跟自己一樣醜的人可以做朋友，於是就向前歡喜地迎接，並跟他聊了起來，而對方也慷慨地與他分享食物，由於那飯菜又香又好吃，從來沒有吃過飯菜的他，不禁吃得津津有味。

就在這瞬間，當醜兒抬頭看向這位新朋友時，竟然發現同伴的長相變得非常端正。孩子問：「你的樣子怎麼變得這麼好看呢？」佛陀說：「剛剛吃飯的時候，我用善心看著那些坐禪的比丘，應該是因為這個緣故，所以相貌就變好看了。」

那孩子疑惑：竟然有這回事？於是他馬上用善良的心意去觀看那些比丘。這時，他的相貌也變端正了。然而，當他再回頭看這位新朋友時，佛已經恢復成原來的莊嚴相貌，祂全身散發出閃耀又溫暖的光芒照耀著那孩子，孩子感恩地頂禮佛足。佛陀於是為孩子演說教法，開啟了他的智慧，他頓時便證得初果。孩子歡喜隨佛出家，進入僧團，因為非常努力精進，很快就證阿羅漢果。

◀帶著光圈的醜兒是佛陀所應化，藉此親近並度化醜兒，使醜兒不會感到恐懼與自卑，佛循循善誘引導他。樹下的弟子也目睹佛度眾的智慧與慈心。

佛化醜兒

佛化醜兒❶

百緣經云。舍衛城中。有一長者子。形貌極醜。狀如惡鬼。年漸長大。父母厭惡。驅令遠去。有人見之。皆生怖懼。在於山林。採果存活。飛鳥走獸。無不怖走。世尊慈念。將諸比丘到林欲度。見佛避走。佛以神力。使不得去。時諸比丘。各在樹下。跏趺禪定。世尊化作醜陋人。衣服麤弊。滿鉢盛食。漸向醜人。醜人見已。心懷喜悅。今此人者。真是我伴。即來共語。同器而食。食已。時彼化人。忽然端正。醜人問言。汝今何以忽然端正。化人答言。我食此食。以善心觀彼樹下坐禪比丘。使我端正。醜人聞已。即便効之。遂發善念。心懷喜悅。即向化人。深生信解。於是化人還復本形。醜人見佛三十二相。八十種好。光明普曜。如百千日。前禮佛足。佛即為其種種說法。得須陀洹果。即於佛前。求索出家。佛言善來比丘。剃除鬚髮。法服著身。便成沙門。精勤修習。得阿羅漢果。

原典註釋

①**醜兒**：據《百緣經》〈醜陋比丘緣〉載，僧團比丘見醜兒比丘進步神速，便詢問佛：「世尊！醜兒比丘過去生做了什麼事？使他這輩子生得異常醜陋，又是什麼因緣能得到佛陀的度化，出家證道呢？」佛陀告訴比丘：「久遠之前，有一國家叫波羅奈，有佛出世，名弗沙佛。當時我和彌勒都是他的菩薩弟子。某次，弗沙佛在樹下結跏趺坐，我在其面前做供養，七天七夜唱著同樣的偈頌讚誦著：『天上世間無如佛，十方世界亦無有，世界所有悉能見，無有能及如佛者。』讚誦時，因為太專注，我抬著一隻腳沒有放下。當我唱完時，山裡有一鬼神作醜陋形，跑出來想嚇我，卻被我用神通力，讓他行經的路現出懸岸險阻，讓他不能通過。山神見到這情形，生一念頭：是我先惡心嚇他，他才讓我困於險阻之中的，我應該向他懺悔！因為這善念化解了險阻，來到菩薩前懺悔，隨即發了善願。當時想要嚇我的山神，就是這世的醜陋比丘，因為他對菩薩懷有惡心，所以五百世都長得醜陋，看到他的人都會驚逃而走。但也因為他很快就懺悔，發下善願，所以這一世才遇到我，出家修道證果。」佛陀說完，比丘弟子歡喜奉行。

度除糞人

舍衛城中有位旃陀羅人，以替人作除糞的工作維生。某日，世尊看見了他，便招呼了他過來，但那位除糞人說：「我是挑糞便的，全身臭穢不淨，不靠近您。」佛說：「如果你願意當我的弟子，你就過來吧。」除糞人見佛如此慈悲，竟肯收他這樣下等的除糞人作弟子，滿心歡喜，來到了佛前。佛牽著他的手，走到了恆河邊，讓他沐浴更衣，然後帶他回到了祇園精舍，為他戒度，讓他出家為僧。他成為比丘之後，勤苦精進，未經旬日，就證得阿羅漢果。

當時國王聽說佛度了除糞人為弟子，很不理解，心想：「佛是釋迦貴族出身，弟子也都出身貴族，平時出入宮接受供養，我們都向他們行禮，如今，佛收了除糞人為弟子，我們要如何向他們行禮呢？」於是，國王前往了祇園。途中忽然看見一位比丘正坐在一塊石頭上縫補著舊衣，周圍無數天人迴繞向他禮拜。比丘看見了國王走來，隱身沒入石中，又從石中鑽出。

國王驚歎不已，來到佛所之後，便問佛說：「剛才路上遇見的一位比丘，他是什麼人，竟有如此神力？」佛說：「大王，你剛才所看見的比丘，就是剛出家的那位除糞人。」接著，又說：「如同是在淤泥中生出香潔的蓮花，請問大王，有見識的人，會不會取此蓮花呢？」大王說：「蓮花香潔，人人所愛，自然有人願意摘取。」佛說：「那麼淤泥呢？淤泥就如同是母胎，胎中能長出功德之花。」於是國王有所領悟，讚歎說：「這位比丘剛出家不久，便獲得如是不可思議功德，自今之後，我願以四事供養所有比丘，讓他們都無所匱乏。」

◀佛度一除糞人出家，國王鄙視其低賤，便往佛所，途中遇一比丘，天人圍繞，神通自在，王讚歎不已，佛乃告知此比丘先前為除糞人，王遂禮遇之。

度除糞人

度除糞人❶

經律異相云。舍衛城中。有一旃陀羅兒。除糞自活。世尊遙見。即呼喚之。其人報曰。吾擔糞不淨。不敢親近。佛言欲度汝。手執其人。至恒水側。沐浴身體。復至祇洹。勅諸比丘。度為沙門。其人勸勵精進。勤苦日新。未經旬日。便得阿羅漢果。六通清徹。涌沒自在。詣大方石。當中央坐。補納故衣。王聞佛度旃陀羅兒。念佛釋種。豪族姓家。左右弟子。皆出四姓。來入宮室。受供信施。云何禮敬。吾今當往。責數如來。見前比丘。諸天禮覲。比丘見王。即沒石中。還從石出。王詣佛所。問言。向者比丘。名字何等。有此神力。佛言。此是除糞人。爾時世尊。以此因緣。便說譬喻。猶如污泥中。生香潔蓮華。云何大王。有目之士。取此華否。王言世尊。華極香潔。當取莊飾。穢污當觀母胎。胎中產生。功德之華。時王白佛。彼人快得善利。不可思議。自今已後。請此比丘。供養四事。無所乏少。

原典註釋

①**度除糞人**：此故事《賢愚經》亦有記載，除糞人即「尼提」，據《賢愚經》〈尼提度緣品〉所載，國王即波斯匿王，他問佛，有關尼提的過去生因緣，為何生於賤處？又種何德，得遇聖尊，證聖道？佛告訴他：「過去世，有一沙門比丘，身有疾患服藥，他憍奢恃勢，於是不出門便利，以金銀澡盤盛尿，令一弟子擔往棄之。但他的弟子已證須陀洹。他懶不自起，又驅役聖人，為他除糞穢。以此因緣而流浪生死，恆為下賤，五百世中，為人除糞，乃至於今。由其出家，持戒功德，今值我世，聞法得道。他就是今天的尼提比丘。」而因為這位比丘懶起出入便利器中，而墮五百世除糞人，在《法苑珠林》卷九十四，則提到：「以是義故，不得於房內便利。具招前罪，數見俗人懈怠，不能自運置穢器，在房便利令他日別將棄，未來定墮地獄，縱得出獄，猶作猪狗蜣蜋廁蟲也。」

救度賊人

舍衛國中有五百個盜賊，專搶劫財物。國王就派兵去追捕這些盜賊，把他們全部擒獲，下令處死。這些盜賊刑前大聲呼喊：「佛啊！救救我們吧！」佛就派阿難去見國王，並對國王說：「國王應當愛民如子，怎麼一下子就殺了五百人呢？」阿難把佛的話告訴了國王：「殺死一人的罪業極重，更何況是殺死五百人呢？這是無量的罪報。」國王說：「佛如果能教化這些盜賊，使他們不再搶劫，我就放了他們。」

阿難回去之後，把國王的意思向佛報告，佛要阿難再去跟國王說：「只要國王放了這些人，佛陀一定讓他們以後改過自新，不再做盜賊。」阿難先到了刑場，對行刑官說：「佛已經決定救這些盜賊，你們不要殺他們。」接著阿難又趕去向國王說：「佛陀讓我告訴您，祂能讓這些人不再做盜賊。」國王於是下令緩刑，但並沒有鬆綁他們，並把他們押送到佛的住所。

佛陀為了度化這些盜賊，就在講堂外露地而坐。盜賊看到世尊，捆綁的繩索自動解開，他們趕到佛前頂禮。佛觀察他們的善緣，為他們說布施持戒、行業果報、苦集滅道、四聖諦法等。盜賊們聽了，都證得了須陀洹。

佛問他們說：「你們願意出家嗎？」盜賊們說：「世尊，我們如果能早出家，就不會遭受這樣的苦難。現在請佛慈悲，度我們出家吧！」佛說：「善來比丘！」五百賊人便都著了法服，衣缽俱足，成了沙門。

◀五百盜賊被擒獲，國王下令處死。盜賊求佛相救，佛遣阿難向國王保證必讓盜賊改過自新。國王於是下令緩刑，佛為說布施持戒等法，度五百盜賊出家。

救度賊人

救度賊人❶

經律異相云。有五百賊劫掠人物。舍衛國王。勅諸將士。追捕擒獲。捉五百賊。王勅殺之。賊大喚佛。佛令阿難。汝往語王。汝是人王。當愛民如子。云何一時殺五百人。阿難至王所。具陳佛語。白言。殺一人罪多。況復五百。其罪無量。王曰。世尊能使不復作賊。即放令活。阿難還具白佛。佛語阿難。語王但放。我令此人更不作賊。阿難先到刑處。語監殺者言。世尊已救。未可便殺。復至王所。世尊語王。能令此人更不作賊。王即原命。且未解縛。送世尊所。爾時世尊。欲度彼人。在露地坐。賊遙見佛。繫縛自解。頭面禮足。佛觀其緣。隨從說法。布施持戒。行業果報。苦集滅道。四真諦法。即於是時。得須陀洹道。問言。汝等樂出家否。答言。世尊。我等若先出家。今日不遭此苦。唯願大慈。度我出家。佛言。善來比丘。時五百賊。舉身被服。變為三衣。自然鉢器。威儀庠序。皆成沙門。

原典註釋

①**救度賊人**：據《經律異相》所載，故事出處為《僧祇律》第十九卷。五百賊得佛度，故事頗多，另外一則出現在《法句譬喻經》，地點在羅閱祇國南大山，去城二百里處，有五百位盜賊藏身，佛以神力化成一富貴官人，身著錦服，騎馬帶劍，群賊立刻將他團團圍住，拿出弓箭刀劍準備劫財，富人不慌不忙張弓一射，突然間，一箭化成百千箭，五百賊人皆中箭倒地；又以寶刀令其各受一瘡，盜賊哀嚎倒地求饒，佛見度化因緣成熟，便說：「是瘡不痛、箭不為深，天下瘡重莫過於憂，殘害之甚莫過於愚。汝懷貪得之憂、殘殺之愚，刀瘡毒箭終不可愈。此二事者，根本深固，勇力壯士所不能拔。唯有經戒多聞慧義，以此明道療治心病，拔除憂愛愚癡貢高，制伏剛強豪富貪欲，積德學慧乃可得除，長獲安隱。」意思是說，此瘡並不是最痛的，箭傷也不深，天下瘡重莫過於憂，殘害之甚莫過於愚。你們心懷貪求之憂惱，以及殘殺無辜之愚昧，就像這刀瘡箭毒，是無法痊癒的，即使找來力拔山河的勇猛力士，也不能除去這兩事。唯有持戒淨心、多聞智慧，悟正道才能治療垢濁的心病；唯有拔除心中的愛恨愚癡、貢高我慢，制伏剛強、貪欲，積累功德、廣修智慧才能除去此痛，得到長遠的安穩快樂。於是化人即現佛身，所有盜賊為佛陀光明妙相所攝受，匍伏在地，至誠懺悔，並且皈依佛陀，當下他們的刀瘡箭傷悉皆痊癒。五百賊人洗心革面，求受五戒，從此國中安寧，人民皆大歡喜。

祀天遇佛

邊境有一國王名和墨，他平生奉事外道，以致國中所有的人也跟著信仰邪教，他們殺生祭祀鬼神。而國王的母親患有重病，長年無法治癒。國王內心十分著急，找來婆羅門詢問：「我的母親久病而不治，不知道是什麼緣故？」婆羅門說：「這是因為星宿天相運行錯亂，導致陰陽不調的原因。」國王說：「那要如何才能使我的母親痊癒呢？」婆羅門說：「國王，你要到城外郊野祭拜山神與日月星宿，還要準備一百隻不同種類的牲畜及一個小孩作為祭品。到時，國王再親自帶著母親到祭壇向上天請命，殺這些牲畜來祭祀天，她的病就可痊癒。」

國王就照著去做，命人牽牛馬豬羊百頭到祭壇，準備宰殺來祀天。上百頭的牲畜被帶往祭祀的地點，一路上發出悲哀、恐懼的鳴叫，聲音震動了天地。世尊得知這位國王竟然要殺害這麼多無辜的眾生，心懷慈悲，憐憫國王愚昧，於是祂親自去見國王。

國王見佛自遠處而來，便頂禮佛，對佛說：「我母親已久病不治，今天要舉辦祀天儀式，來為母祈福，求她早日康復。」佛說：「你雖然很有孝心，但你應當知道，如果要得穀米，應該種田耕田；如果要得到大富貴，應當廣行布施；如果要得到長壽，應有大慈愛之心；如果要得智慧，應當多學習請教。這四事，隨其所灑下的種子，而得到應有的果實。而宰殺祭祀，這是把邪惡之法誤以為正法，這樣殺害生靈而求病癒，是背離了正道。人期望長命百歲，而奉事神祇，宰殺牛羊來祭祀，只能增罪，如何能得延壽？還不如多行仁慈之道。」佛為王說完法後，放大光明，遍照天地。國王聞法見光，感悟聖道，慚愧懺悔，便不再祀天。他母親得知此事，心情喜悅，所患的病便當下消除了。國王自此之後，信敬三寶，愛民如子，常行十善業，國中常五穀豐登，風調雨順，人民心悅安樂。

▲國王的母親患有重病，他因信邪教，欲殺牛馬猪羊百頭，祭天祈福。佛告知殺生罪業，應行仁慈，方能長壽。國王懺悔改過，母親的病情漸漸好轉。

祀天遇佛

法句經云。邊境有王。名曰和墨。奉事外道。舉國信邪。殺生祭祀。王母寢病。經久不瘥。召婆羅門。告言。吾太夫人。病困經久。不知何故。答言。星宿倒錯。陰陽不調。故使然耳。王言。作何方宜使得除愈。答言。當備牛馬猪羊百頭。殺以祀天。然後乃瘥。王即奉命。即牽牛馬猪羊百頭。當就祭壇。殺以祀天。佛懷大慈。愍王愚迷。往詣王所。王遙見佛。為佛作禮。白佛言。母病經久。今欲祀天。為母請命。冀求得瘥。佛言。欲得穀食。當行種田。欲得大富。當行布施。欲得長壽。當行大慈。欲得智慧。當行學問。行此四事。隨其所種。得其果實。祠祀淫亂。以邪為正。殺生求生。去生道遠[1]。人生百歲。奉事神祇。牛羊祭祀。不如行慈。佛放光明。遍照天地。王聞法覩光。即得道跡。慚愧悔過。遂不祀天。母聞情悅。所患消除。王於是後。信敬三寶。愛民如子。常行十善。五穀豐登。心常悅樂。

原典註釋

①**殺生求生，去生道遠**：據《梵網經》卷下：「佛子若自殺、教人殺、方便讚歎殺、見作隨喜乃至咒殺，殺因、殺緣、殺法、殺業乃至一切有命者不得故殺，是菩薩應起常住慈悲心、孝順心，方便救護一切眾生。而自恣心快意殺生者，是菩薩波羅夷罪。」殺生包含很多方式，無論是親自殺、教唆他人殺、遣人殺等，都有其罪報，婆羅門外道以邪見教唆國王殺牛祭祀求長壽，不但是邪知邪見，也同等犯了殺生業報。

在《雜阿含經》中，優波迦問佛：「怎麼樣的外道大會可以？怎樣不可以？」佛說：「馬祀等大會，造諸大難事，如是等邪盛，大仙不稱歎。繫縛諸眾生，殺害微細蟲，是非為正會，大仙不隨順。若不害眾生，造作眾難者，是等名正會，大仙隨稱歎。惠施修供養，為應法邪盛，施者清淨心，梵行良福田。如是大會者，是則羅漢會，是會得大果，諸天皆歡喜。自行恭敬請，自手而施與，彼我悉清淨，是施得大果。慧者如是施，信心應解脫，無罪樂世間，智者往生彼。」這裡反對外道以宰殺牲畜的祭祀大會。除了戒殺生，佛教視一切六道眾生皆為過去世父母，因此，更積極的救護放生。中國佛教在梁武帝時曾下詔禁止殺生，廢止宗廟獻牲禮，隋代天台宗智者大師，見捕魚殺生業，而勸募眾人購置放生池，傳授池中族類三皈戒，為天台放生會之濫觴，之後，則有放生儀軌。放生、護生遂成為佛教慈悲精神的表現。

佛救嬰兒

舍衛國一長者名財德，他的兒子才剛五歲，長者因為信奉佛法，就常教兒子稱念「南無佛」名號。某天，一個散脂鬼王因為飢餓難耐，便把財德的兒子偷偷抱走，但那孩子口中稱念「南無佛」，鬼王大驚，嘴巴也張不開，吃不到這孩子。鬼王兩眼冒火，孩子被嚇到驚恐不已，又念起「南無佛」名號。

這時世尊以天耳遠遠聽到孩子的叫聲，便以神力來到曠野。祂放出白色毫光，照在這被驚嚇的孩子身上，阻擋了鬼王靠近孩子。鬼王於是搬起一塊大石頭砸向世尊，佛入火光三昧，將它化成一團火，火勢燃燒曠野，一片火光中，佛讚頌著慈悲心。但鬼王還是不服氣，這時佛招來大力金剛神，祂們手舉金剛杵，揮舞利劍，直觸鬼王額頭。鬼王驚慌不已，抱著孩子向佛跪拜哀求，向佛說：「請世尊就慈悲為懷，饒恕我吧。」世尊如同慈父般撫慰鬼王。

密跡金剛站於一旁，命令鬼王說：「你速速投降，快皈依佛法及眾僧，如果你還不服，就讓你粉身碎骨，碎成微塵一樣。」鬼王合掌對佛說：「我平常就是吃人才能存活，今讓我不殺生，我還能吃什麼呢？」佛對鬼王說：「你如果不殺生，我會讓我的弟子們施食給你，以我的神力，一定可以讓你吃飽的。」鬼王聽了之後，歡喜作禮，並接受了三皈五戒。於是鬼王又拜謝金剛神說：「蒙您大德，而使我能受佛恩，享得無上甘露美味。」

◀一散脂鬼王欲食長者的孩子，其子稱念「南無佛」，鬼王無法食孩子而大怒。佛以神力解救，降伏鬼王，鬼王問佛：「能吃什麼？」佛令弟子施食鬼王。

佛救嬰兒

佛救嬰兒❶

觀佛三昧經云。舍衛國有長者名曰財德。有子年始五歲。父常教子。稱南無佛。散脂鬼神。飢火所逼。接取嬰兒。嬰兒稱南無佛。鬼王噤口。不能得食。但眼出火。嬰兒驚怖。稱南無佛。世尊天耳遙聞。佛以神力。到曠野澤。放白毫光。照怖小兒。鬼王舉一大石。欲擲世尊。佛入火光三昧。燒曠野澤。大地洞然。光中化佛。讚歎慈心。鬼猶不伏。時金剛神。手奮金杵。揮大利劍。擬鬼王顙。鬼王驚怖。抱持小兒。長跪上佛。白言。世尊惟願慈愛。救我生命。世尊猶如慈父。撫慰鬼王。密迹金剛。勑鬼王言。汝今速伏歸佛法僧。及受五戒。汝若不伏。碎如微塵。鬼王合掌。白佛言。我恒噉人。今者不殺。當食何物。佛勑鬼王。汝但不殺。我勑弟子。常施汝食。乃至法滅。以我力故。令汝飽滿。鬼王聞已。歡喜作禮。受三皈依。及受五戒。曠野鬼王。白金剛神。因大德故。得服甘露。無上法味。

原典註釋》

①**佛救嬰兒**：這個故事是佛教寺院午供施食的典故之一，佛說凡是我的弟子，食時皆當出食施捨，而佛教徒臨食念供養偈，除了供養佛菩薩，還要普施三類眾生，所以午供出食時常念：「大鵬金翅鳥，曠野鬼神眾，羅剎（夜叉）鬼子母，甘露悉充滿。」可知，午供普施的三類眾生，即大鵬金翅鳥、曠野鬼神眾、羅剎（夜叉）鬼子母，這就是「出生飯」或「出眾生食」。

據宋朝志磐所撰《佛祖統記》所載：「今齋堂別具小斛，於食畢眾作法施之，或各具小生斛，夜間呪施。此通道族行之。」因此漢傳佛教各寺院，於大殿外施設一石柱、或一平台、或一食盤等，即所謂的「出食台」，又稱施食台、供食台、生台等，供放加持過的食物、水、香，施食鬼神。施食之風，到了唐代，蔚為風行，影響所及道教也發展出施食和焰口儀式。一般出食時，口誦真言並「取食」，右手取七粒米食，放到左手食指、中指上，後結手印加持。出殿外，於施食台前，念誦偈語。將食物供放施食台，觀想七粒米化作無量食，普施一切眾生，令其飽滿。

鬼母尋子

有一大鬼神王，名般闍迦。他的妻子產了五百個兒子，都是大力士。最小的兒子嬪伽羅，面相端正，最受鬼母疼愛，稱他愛兒。這些鬼兒的母親，不但凶狠殘暴，又殺別人的孩子來吃。老百姓憎恨她又害怕她，於是向世尊求助。

世尊憐憫眾生的苦，便以神力將鬼母的愛兒嬪伽羅收覆在祂的缽下。鬼母見愛兒消失了，就四處飛行尋找孩子的蹤跡，但找了七天七夜卻沒有任何結果，她又急又惱。鬼母聽說世尊智慧神通廣大，必定能幫她找到愛兒，於是她趕緊來找世尊，詢問愛兒的消息。

佛告訴她：「你有五百個孩子，只不過是少了一個，你就這般苦惱憂愁，到處尋覓，那些世間老百姓，有的人就只有那麼一個孩子，或三五個孩子，而你把他們殺了吃掉，你想想，他們的心是多麼悲痛呀！」鬼母對佛說：「我現在如果能找到我的愛兒，今後我就不再殺他們的孩子。」

佛便讓鬼母見愛兒，她的愛兒被收在缽下。鬼母於是召喚她所有的鬼子，他們全部使力救他，可是怎麼也搬不動這個缽，鬼母只好再次求佛。佛說：「你現在如果能受三皈五戒，並保證不再殺生，我就把愛子還你。」鬼母聽從了佛的訓誡，受了三皈五戒。

佛把愛兒還給了她，告誡她說：「你可要守好戒律，前世迦葉佛時代，你是羯肌王的女兒，就是因不守戒律，才墮落為鬼身業報。」

▲鬼母殺人孩兒為食，佛憐憫世人，遂抓鬼母愛子於石缽下，鬼母召五百鬼子營救皆不能動。鬼母求佛，佛為其授三皈五戒，告誡她勿殺生，乃放愛子。

鬼母尋子

雜寶藏經云。爾時大鬼神王。名曰般闍迦。其妻親產五百鬼子。皆有大力士之力。其最小兒字嬪伽羅。華言愛兒。面貌端正。此鬼子母[1]兇妖暴虐。殺人兒女。以自噉食。人民患之。仰告世尊。世尊憐愍眾生。即取其子嬪伽羅。覆於鉢下。鬼子母飛行天下。七日之中。推求不得。愁憂懊惱。傳聞他言。云佛世尊有一切智。即至佛所。問兒所在。佛即答言。汝有五百子。唯失一子。何故苦惱愁憂。而推覓耶。世間人民。或有一子。或三五子。而汝殺害噉食。鬼子母白佛言。我今若得嬪伽羅者。終不更殺世人之子。佛即使鬼子母。見嬪伽羅。在於鉢下。令五百子。盡其神力。不能得取。還求於佛。佛言。汝今若能受三皈五戒。盡形壽不殺生。當還汝子。鬼子母即依佛勅。受皈依五戒。三歸已訖。即還其子。佛言。汝好持戒。汝是迦葉佛時。羯肌王女。以不持戒。故受是鬼報。

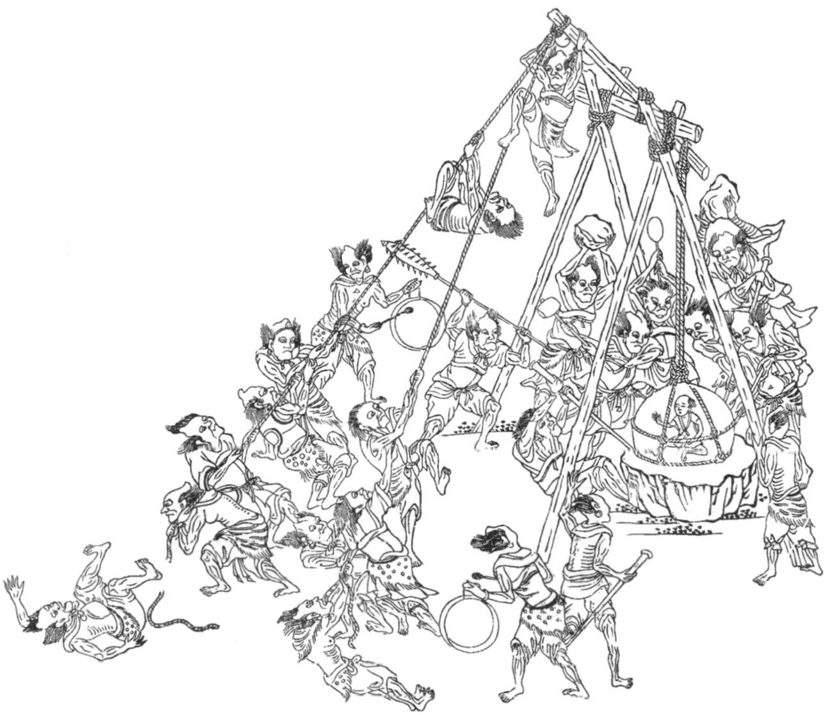

原典註釋

①**鬼子母**：即夜叉女之一，音譯訶利帝。鬼子母的故事，在許多經典都有記載，如《根本說一切有部毗奈耶雜事》卷三十一、《鬼子母經》、《雜寶藏經》卷九、《大藥叉女歡喜母并愛子成就法》、《摩訶摩耶經》（卷上）及《南海寄歸內法傳》（卷一）等。

據《根本說一切有部毗奈耶雜事》所載，鬼子母過去世因緣，為一身懷六甲的牧羊女，有五百人邀她與他們一起到公園跳舞，由於跳得太累，以致她當場流產，但城內的人雖然都目睹了這件事，卻都袖手旁觀，沒有一人伸出援手幫她，使牧羊女非常難堪。這時，辟支佛走去幫她，並示現神通力。牧羊女遂以五百個芒果供養辟支佛，但她對於王舍城內的人民非常憎恨，於是發出惡願：「願我在福田中的供養，以此福業，我來世投生到王舍城時，吃盡城內這些人所生的孩子！」因為這樣的業因，她成為了食人子的夜叉女。

不過，鬼子母在被佛陀度化後，成為佛教護法神，也成為婦女、兒童的保護神，《法華經》〈陀羅尼品〉謂鬼子母神與十羅剎女共誓守護法華行者《南海寄歸內法傳》載，有些寺院門屋處，塑畫母子鬼抱子的形象。每日供食，其乃四天王之眾，有大勢力，如有疾病、無兒息者，饗食薦之，咸皆遂願。密教列此神於胎藏界曼荼羅之外金剛部，且有訶梨帝母法，以鬼子母神為本尊，祈求生產平安之修法。於漢地，「鬼子母神」地位如道教中註生娘娘，又如閩南人與台灣人信仰的七娘媽。

金剛請食

某日，密跡金剛力士向佛請求：「願世尊發慈悲，屈尊我這個曠野鬼王陋室，我將供養您齋飯，請您也順便化度妖魅鬼類。他們見到您尊貴之相，及聽聞您的說法，必能棄惱怒仇恨心。」佛接受他的邀請，與眾弟子來到鬼王密跡金剛力士所住之處。用完齋飯，密跡金剛便請佛為他們說法。

佛說：「你們應篤信佛法，明白真理，了知因果業報。寧捨性命，也不該做不義之事。常胸懷慈心，勿殺生，不拿不該取用之物，不做邪惡之事，不說狂話、口出惡語，不撥弄是非，不諂媚，離貪欲、嫉妒、怨恨、愚痴等念，不做十惡事，力行十善之事，同時也廣勸人做，終身守戒。見其他佛門弟子奉行戒律，精進勤修，應心生恭敬，心中常思正道。看見行善的朋友，以及常行恭敬虔誠佛弟子，就努力向他們看齊。如果你們能常親近善者、行善心、做善事，必就能得善知。如果看見他人有危難，就周濟他們，見別人走邪道，就勸阻他，常行布施會為自己帶來大富貴，持守戒律能轉生天上。博聞能得智慧，精勤修行能入正道。要知道，布施得財富，貪吝成餓鬼。守戒律、忍辱、精進，能徹悟。犯戒墮地獄，怨恨變醜陋，懈怠荒廢修道，意亂則墮入罪惡之淵，愚痴則迷惑，善惡果報，都是由人的行為、言語、意念所引起的。」

聽完佛的勸誡，密跡金剛力士及五百弟子都深刻領悟，信受奉行，得無生法忍。

◀密跡金剛請佛說法，佛為諸鬼類說因果業報及十善法，使其趣入正道。

金剛請食

寶積經云。爾時密迹金剛力士[1]。白佛言。唯佛大聖。就我曠野。鬼王鄙舍。垂意小食。化鬼神眾。妖魅之物。見如來尊。聽聞經法。便當捐棄。嗔恚毒害。時佛默然受請。佛與大眾。俱至其舍。受飯食已。密迹白佛言。唯願弘慈。應時演法。佛言。當奉篤信。善從道法。覩清白理。知不忘果。寧失身命。不犯非義。仁慈不殺。不與不取。不為邪淫。不犯妄語。兩舌。惡口。綺語。嫉妬。恚痴。不犯十惡。身行十善。亦勸人行。常奉等信。見諸沙門。奉戒具法。勤精修行。志存思道。見諸善友。及佛弟子。常行恭恪。常追侍從。常奉斯等諸善知識。救濟危厄。而勸化人。施致大富。持戒生天。博聞大智。修行合道。布施大財。慳貪餓鬼。持戒。忍辱。精進。一心。智慧人道。犯戒地獄。嗔恚醜陋。懈怠廢道。亂意墮罪。愚痴投冥。善惡果報。由身口意。時密迹金剛力士。及五百子。聞是法已。得無生法忍。

原典註釋

①**密跡金剛力士**：又譯密跡力士、金剛密跡、金剛力士、執金剛神、持金剛、金剛手菩薩、密跡士等，此一力士本來在印度毗紐天，具有大威力的鬼神，後來轉變成佛教的護法神祇。此神執金剛杵守護佛法，故稱金剛神、金剛手、執金剛等。據《日經疏》一載，其為夜叉王，速疾、隱祕難暸知，故稱密跡。又其親近佛，聞佛之祕密事跡，而稱為密跡。《金光明經》載，金剛力士為大鬼神王，其眷屬五百徒眾皆大菩薩，力士常以強烈行動捍衛佛法、保護佛陀。佛入滅時，據《佛入涅槃密跡金剛力士哀戀經》載，金剛力士悲哀懊惱作如是言：「世尊成就最勝無上十力，云何於今乃為羸弊、無常、氣勢微劣之所摧敗？如來捨我入於寂滅，我從今日無歸、無依、無覆、無護，衰惱災患一旦頓集，憂愁毒箭深入我心。」密跡金剛作是語已，戀慕世尊愁火轉熾，五內抽割、心膂磨碎，躄踊悶絕譬如巖崩，顛墮於地久乃醒悟，可見金剛力士對佛陀的一片赤忱。

目連救母

大目犍連尊者證得阿羅漢果，獲六種神通後，便想救度父母，以報養育之恩。於是以道眼觀視世間，他看見自己亡母生於餓鬼道中，沒有食物可以充饑，餓得皮包骨，形瘦如柴，極為可憐。尊者極為難過，盛了滿滿一缽飯送給母親吃。母親見兒子送來一缽飯，便以左手接著缽，右手抓飯。

然而，這一把飯還未送入口中，就化成了火炭，無法飲食。尊者見到這情景，悲痛至極，涕淚盡流，他來到佛前，向佛哭訴母親的遭遇。

佛對目犍連說：「你母親過去生中所造罪報深重，並非你一人的力量能拯救。雖然你的孝心懇切，感動天地，但即使以天神地祇之力，也是幫不了忙的。只能仰仗十方眾僧大威德力，才能使你母親解脫痛苦。我今把解救的方法對你說，也使一切受難眾生都能脫離此苦。

「你當於每年七月十五日，趁著眾僧結夏安居圓滿這天，盡心為過去世父母及現世父母設齋供養，營辦齋飯及世間種種美食和果類等，把這些甘美食盛裝盆中，供養十方大德的眾僧，所有一切清淨福田僧及自恣僧等。以此供僧功德，使去世的父母能離苦得樂；如父母在世者，也可以使他們延壽增福，無病苦。不只這一生父母之恩可報，過去七世父母，亦可藉此功德，脫離地獄、餓鬼、畜生三途惡道之苦，轉生人天，享安樂無盡。凡佛弟子，都應奉行孝道，念念不忘父母恩，年年七月十五日為父母設盂蘭盆會，施佛及僧。」

◀目犍連以道眼見亡母，於餓鬼道中，飢餓如柴，以神力盛一缽飯於母，飯未入口便化成炭。目犍連請示佛，佛教其以供僧功德迴向，故有盂蘭盆會因緣。

目連救母

盂蘭盆經[1]云。大目犍連。始得六通。欲度父母。報乳哺之恩。即以道眼觀視世間。見其亡母生餓鬼中。不見飲食。皮骨連立。目連悲哀。即以鉢盛飯。往餉其母。母得鉢飯。便以左手接鉢。右手摶食。食未入口。化成火炭。遂不得食。目連大叫。悲號啼泣。馳還白佛。具陳如此。佛言。汝母罪根深結。非汝一人力所奈何。汝雖孝順。聲動天地。天神地祇。亦不能奈何。當須十方眾僧。威神之力。乃得解脫。吾今當說救濟之法。令一切難。皆離憂苦。當於七月十五日。為七世父母。及現在父母。具飯百味五果。汲灌盆器。盡世甘美。以著盆中。供養十方大德眾僧。供養此等自恣僧者。若現在父母。壽命百年無病。無一切苦惱之患。乃至七世父母。出離三途餓鬼之苦。生人天中。福樂無極。是佛弟子修孝順者。應念念中。常憶父母。年年七月十五日。為作盂蘭盆。施佛及僧。

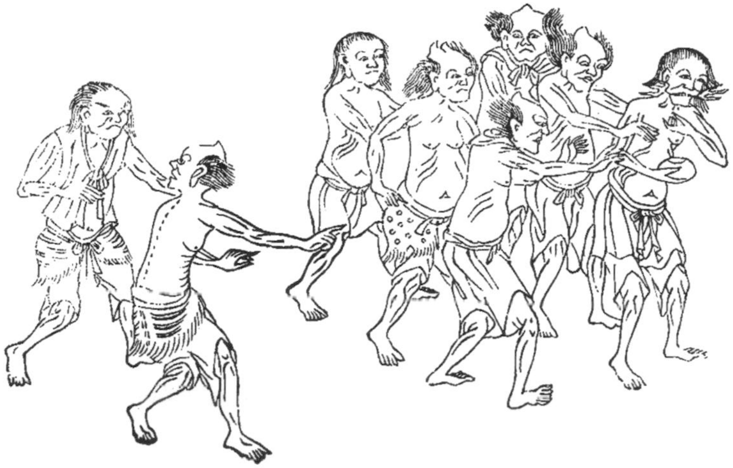

原典註釋》

①**盂蘭盆經**：西晉竺法護譯。全文八百餘字，無梵文原典，其中多附加不少漢語句型，本經特色以孝子報恩之思想，融合中國人倫與佛教功德論之關係，被認為是漢化後的經典。

然而，依本經而舉行的盂蘭盆會法會，已普遍流行於中國民間，據《佛祖統紀》卷三十七記載，自梁武帝大同四年（西元五三八年）至今，已成中國佛教每年最重要的法會之一。謂於七月十五日之眾僧「自恣日」，具備百味飲食五果、香油等供養十方大德眾僧，以此功德迴向過去及現在父母。「自恣日」，即僧眾於七月十五日，結夏安居完畢，於大會中，由眾人恣舉自身所犯之罪，並同時對其他比丘作懺悔，名「自恣」，又稱「隨意」，即可任由他人隨意檢舉自身罪過。

施食緣起

阿難急匆匆來到佛所，對佛說：「世尊，我昨晚見到一面然餓鬼，身形瘦弱，乾枯，相貌醜陋，臉焦枯像被火燒過似的，咽喉則細得像針孔一般，髮絲蓬亂如雜草，爪指尖利，背駝如背覆大石，可怕極了。他還對我說：『你三天之內必會喪命，轉生於餓鬼道中。』我聽了後，非常恐懼，就是問他：『有什麼辦法可以免遭這樣的危難？』餓鬼告訴我：『你如果施食給恆河沙那麼多的餓鬼、婆羅門以及仙人們食物，你就能增壽。』世尊，我現在該怎麼辦，才能免除這樣的災難呢？」

佛說：「阿難，你不用驚慌，我有一個陀羅尼咒語，具一切德光，能產生無窮威力。我現在就把這咒法傳給你，好好聽著：**那摩薩縛怛他揭多，縛路枳帝，唵，三跋囉，三跋囉，吽。**」

佛接著說：「拿些食物，放在一乾淨的盤子，然後反覆持誦此咒七遍，稱念如來名號加持後，伸開雙臂，手指彈七下，將盤子中食物撒在四方乾淨地上。如恆河沙多的餓鬼來時，準備好豐盛的飲食，讓所有餓鬼都吃得飽。餓鬼吃了加持的食物後，就能脫離鬼身，往生天界。佛門弟子如能經常誦習這咒語，奉施食物，就能建立無量功德，面色便會光彩，壽命延長。餓鬼們也會常來擁護他，使他具足吉祥安樂。」

◀阿難見一面然餓鬼，身形瘦弱乾枯，咽喉細如針孔。餓鬼說阿難三日內必喪命，轉生餓鬼。阿難惶恐問佛，佛教授陀羅尼咒及施食法。

施食緣起

救面然[1]餓鬼經云。阿難疾至佛所。白言。世尊。我於昨夜。見一面然餓鬼。身形羸瘦。枯燋極醜。面上火然。其咽如針。頭髮髼亂。毛爪長利。身如負重。而語我言。汝於三日。必當命盡。生餓鬼中。我即問言。經何方計。得免斯苦。餓鬼答言。汝若施於恒河沙數餓鬼。及婆羅門并諸仙等飲食。汝得增壽。世尊。我今云何得免此苦。佛言。汝今勿怖。有陀羅尼。名一切德光。無量威力。即說呪曰。那摩薩縛怛他揭多。縛路枳帝。唵。三跋囉。三跋囉。吽。先取飲食。安置淨盤。誦呪七遍。稱四如來。名號加持已。彈指七下。於淨地上。展臂瀉之。其恒河沙數餓鬼前。各有摩伽陀斛。四斛九斗飲食。如是鬼等。遍皆飽滿。是諸餓鬼。喫此食已。悉捨鬼身。盡得生天。若四等弟子。若能常誦此呪。奉施飲食。是人即得具足無量功德。顏色鮮潔。壽命延長。是諸餓鬼。常來擁護。具足吉祥。

原典註釋

①**面然**：然通燃，面燃即焰口，關於「面燃鬼王」的來由說法不一，傳說是觀音大士的化身，又說觀音以鬼王相貌展現，源自《法華經普門品》中，「應以天、龍、夜叉、乾闥婆、阿修羅、迦樓羅、緊那羅、摩睺羅伽、人、非人等身得度者，即皆現之而為說法。」為觀音大士教化餓鬼界眾生。施食法之典故，乃根據《佛說救面然餓鬼陀羅尼神咒經》（唐實叉難陀譯）所載，後發展成為漢傳佛教放焰口儀式。元代由密教興盛，藏經中有《瑜伽集要焰口施食儀》一卷，未注譯人，但就真言譯音用字來看，應是元人所譯。明代天機禪師依據《瑜伽焰口施食科儀》刪成《修習瑜伽集要施食壇儀》，又稱《天機焰口》。後袾宏對此又略加參訂，名《瑜伽集要施食儀軌》。清初寶華山德基據袾宏本略加刪輯，名《瑜伽焰口施食要集》，又稱《華山焰口》。此後兩本通行於世。

說咒消災

在某段時期，釋迦牟尼佛在淨居天上，對諸神天人以及二十八宿、十二宮神等聖眾宣說：「我現在要傳授你們說過去娑羅王如來所傳，熾盛光大威德陀羅尼除災難法，這神咒威力廣大，能消災解難。如果國王和大臣們所居之處遇到種種的災難或障礙，可以誦念此陀羅尼咒，誠心誦念，一切災難與障礙都能化解。」於是佛宣說此陀羅尼：

南無三滿多，母馱喃，阿鉢囉。底賀多，舍娑曩喃。怛姪他，唵，佉佉，佉呬佉呬，吽吽，入嚩囉，入嚩囉鉢囉，入嚩囉鉢囉，入嚩囉，底瑟姹，底瑟姹，瑟致哩，瑟致哩，娑婆吒，娑發吒，扇底迦，室哩曳，娑嚩賀。

佛又說：「此神咒能成就八萬吉祥事，能消滅八萬不吉祥事。你們如果能依法領受，讀誦，持戒，那麼一切災難都能消滅，可逢凶化吉，災遇轉吉祥。」

佛接著又對弟子們說：「如果你們遇到災難，可以安置佛像，結界護持，供香花，點燈燭，誦讀此咒，有情眾生都能獲福無量。」

◀ 佛在淨居天時，對諸神天人以及二十八宿、十二宮神等聖眾宣說消災吉祥神咒，此神咒能成就八萬吉祥事，能消滅八萬不吉祥事。

說呪消災

消灾經[1]云。爾時釋迦牟尼佛在淨居天中。告諸宿曜。游空天眾。九執大天。及二十八宿。十二宮神。一切聖眾。我今說過去娑羅王如來。所說熾盛光大威德陀羅尼。除灾難法。若有國王。及諸大臣。所居之處。或被五星陵逼。羅睺彗孛。妖星照臨。所屬本命宮宿。及諸星位。或退或入。作諸障難者。念此陀羅尼。至心受持讀誦。一切灾難。悉皆消滅。即說陀羅尼曰。南無三滿多。母馱喃。阿鉢囉。底賀多。舍娑曩喃。怛姪他。唵。佉佉。佉呬佉呬。吽吽。入嚩囉。入嚩囉。入嚩囉鉢囉。入嚩囉鉢囉。底瑟姹。底瑟姹。瑟致哩。瑟致哩。娑婆吒。娑發吒。扇底迦。室哩曳。娑嚩賀。此陀羅尼。能成就八萬種吉祥事。能除滅八萬種不吉祥事。令諸眾生依法受持。一切灾難。悉皆消滅。變灾為福。皆得吉祥。佛告四眾。灾難起時。安置佛像。結界護持。香華燈燭。隨分供養。令諸有情。獲福無量。

原典註釋

①**消災經**：全名《大威德明王法性金輪佛頂熾盛光如來消除一切災難吉祥陀羅尼經》，又稱《消災吉祥經》、《熾盛光大威德消災吉祥陀羅尼經》，唐代不空三藏大師譯。唐宋時期，密宗非常流行，當時人們認為九曜能致禍患，認為持頌此經咒除災。該經為「大威德明王法性金輪佛頂熾盛光如來佛頂法」的根本儀規，為釋迦佛金剛法性所化現，體現了釋迦牟尼佛極終大慈悲。經中佛於淨居天宣說此咒，又稱「消災吉祥神咒」，為禪林所用四陀羅尼之一，亦為密教通用之息災法。漢傳佛教寺院多列入《早晚課誦集》中十小咒之一。此咒主要是面臨天象之災，國界不安，災難競起，宿世怨家謀害，諸惡橫事、咒詛符書災難等。若於清淨處設道場，結界，誦持此咒，能袪除金、木、水、火、土等星宿之災患，及除諸種災害，成就吉祥事之神咒。

前所說「結界」，乃出家眾為使戒行無缺失，而區劃一定的區域，以作修持活動，稱為結界。《傳戒正範》〈淨堂集眾〉卷一：「凡欲作法，須先結界。若三重界相如法，無諸妨礙，乃能成辦一切。所謂律制僧居，必依結界，僧弘律制，豈越於斯。初發心者，來入伽藍從僧乞戒，應先集僧唱方結界畢。次預請和尚允示日期，即白引禮師，便於淨堂集眾。次則通啟二阿闍黎師，方可入室禮請。結界時，新求戒者，須驅出至眼見耳不聞處。若久行律處所，戒場久定，不須逐期唱方。」

楊枝淨水

毗舍離國有一長者，名月蓋。某日，他來到佛所，對佛說：「最近一段時期，不知為什麼，我們國中人民流行著一種怪病，無論什麼高明的醫生、巫師，都沒有辦法醫治。願世尊慈悲為懷，能憐憫我們百姓的病痛之苦，能拯救眾生，讓他們脫離病苦。」

世尊告訴長者說：「在不遠的正西方，有無量壽佛，祂身邊有兩大菩薩，一觀世音，一大勢至，祂們以大慈悲心，救濟天下眾生，脫離苦海。為了眾生，你應該去參拜祂們，祈請無量壽佛及兩大菩薩拯救國中人民。」佛宣說此法時，光中現出無量壽佛和兩大菩薩形象，讓長者看見。

之後佛讓無量壽佛和兩大菩薩都來到毗舍離國，放大光明，照耀全國，全國一片光明。毗舍離人向祂們頂禮參拜，祈請消災祛病。他們把楊枝淨水供奉給觀世音菩薩，請慈悲的觀世音菩薩憐憫救護一切眾生，毗舍離國眾百姓一心誦念：「南無佛、南無法、南無僧，南無觀世音菩薩摩訶薩，大悲大救護苦厄眾生。」

觀世音菩薩跟佛說：「我要宣說十方諸佛救護眾生的神咒，並告訴一切眾生，凡是能誦持這神咒的人，就能得到十方佛及諸大菩薩的護持，避離各種恐怖、毒害及種種疾病的苦惱。」觀世音菩薩說法時，毗舍離國百姓們也漸漸康復了。

▲毗舍離國流行一種疾病，無藥可醫，毗舍離人以楊枝淨水供奉觀音，並一心稱念，宣念神咒。

楊枝淨水

楊枝淨水[1]

請觀音經[2]云。爾時毗舍離國。有長者名月蓋。往詣佛所白佛言。此國人民。遇大惡病。良毉耆婆。盡其道術。所不能救。唯願天尊。慈愍一切。救濟病苦。令得無患。爾時世尊。告長者言。去此不遠。正立西方。有佛名無量壽。彼有菩薩。名觀世音。及大勢至。恒以大悲救濟苦厄。汝今應當向彼作禮。為眾生故。當請彼佛。及二菩薩。說是語時。於佛光中。得見西方無量壽佛。并二菩薩。如來神力。佛二菩薩。放大光明。照毗舍離。皆作金色。時毗舍離人。即具楊枝淨水。授與觀世音菩薩。大悲觀世音。憐愍救護。普教一切眾生。應當一心。稱南無佛。南無法。南無僧。南無觀世音菩薩摩訶薩。大悲大名稱。救護苦厄者。爾時觀世音菩薩白佛言。我今當說十方諸佛。救護眾生神呪。誦持此呪者。免離怖畏。刀杖毒害。及與疾病。令得無患。說是語時。毗舍離人。平復如本。

原典註釋》

①**楊枝淨水**：據《請觀音經》載，觀音菩薩用楊枝灑淨水，解除了毗舍離國的瘟疫，當地人便塑造了手持楊枝淨水的觀音菩薩形象，供奉為藥王觀音。三十三觀音古畫中，即有「楊柳觀音」，左手結施無畏印，右手持楊柳枝。千手觀音四十手中，其一即是楊柳枝手。

觀音信仰在亞洲大乘佛教信仰中極為普化，始自印度、西域，後傳至中國、西藏、南海、日本等地。觀世音，音譯阿縛盧枳多伊濕伐羅、阿婆蘆吉低舍婆羅等，舊譯作光世音、觀世音；玄奘新譯則作「觀自在」，即「阿縛盧枳多」譯曰「觀」，「伊濕伐羅」譯為「自在」。《無量壽經》中，與大勢至菩薩同為西方極樂世界阿彌陀佛之脅侍，以西方淨土為本住處，世稱西方三聖。

《法華經》〈觀世音菩薩普門品〉說觀音菩薩於娑婆世界利益眾生，據舊譯《華嚴經》卷五十一、《新華嚴經》卷六十八載，觀音菩薩住南海補陀落山，即在此娑婆世界。觀音形像與應化相頗多，北魏後，造觀音像之風益盛，大同、龍門、駝山等地甚多。隋唐後，密教傳入，造十一面、千手、如意輪等像，敦煌千佛洞像，觀音像居大半。民間則有蛤蜊、馬郎婦、水月、魚籃等諸觀音像流行，可見其普及化。西藏信仰觀世音盛行，真言（六字大明咒）至今廣傳。

②**請觀音經**：全一卷，東晉竺難提譯。又稱《請觀世音菩薩消伏毒害陀羅尼咒經》、《請觀世音經》、《請觀世音消伏毒害陀羅尼經》、《消伏毒害陀羅尼咒經》等。經文敘述觀世音菩薩救護眾生，稱念三寶及觀世音菩薩本身名號，持十方諸佛救護眾生神咒、破惡業障消伏毒害陀羅尼咒等，可免一切疫病困厄，又說此陀羅尼、名號功及大吉祥六字章句、神咒之功德與功德。天台宗用於懺悔罪過的觀音懺法。日本盛行依本經而修法，為密教修法之一。

採華獻佛

某次，世尊遊經羅閱祇城（即王舍城）時，那時國王派數十人到城中向百姓徵收上等鮮花。城中所有男女老少，都被迫出城勞役，採鮮花，在回城的時候，看見佛的相好嚴莊，光明如同是燦爛星光拱著明月，又像日正當中普照天下。

眾弟子們前後圍繞著佛，於是一採花人來到佛前跪拜頂禮說：「人身難得，性命難保，佛難遇，佛法難聞。今天我都有幸遇見如來，就好像久病的人遇到了世上的良醫。我們百姓是如此卑微，飽受官僚種種苛役壓迫，得不到真正的自由。最近國王又命令我們人民採花上貢宮中，每天一早就要進獻最好的鮮花，如果時間遲了，還要受罰，甚至要被砍頭。這般艱困的生活，實在難消，此次我有幸遇到佛的到來，這是千載難逢的好運，我們多年來受到壓迫奴役，受到迫害已經不可稱載，但未曾為了護持佛法貢獻生命。今天，我終於有這樣的機會，我就算捨棄生命，也要將手上的鮮花供養佛、法、僧三寶，並請佛為我說法，讓我增長智慧。這樣，即使被殺害了，也不墮入苦痛，必能夠轉生善處。」

之後他至誠禮敬，請求受戒，佛見他的懇切與虔誠，就慈憫地宣說了六度、四等心、四恩、三解脫菩提等法。採花人聽佛說法，悟入佛慧，發了堅定道心，達到了心不退轉的境界。佛便為他授記：「日後當作佛，法號曰妙華。」

◀國王向百姓徵收鮮花，百姓被迫勞役，佛遊經城中，採花人見佛來，到佛前頂禮，不惜捨生以鮮花供佛。佛為他說法，並授記成佛，號妙華。

採華獻佛

採華獻佛❶

採花違王經云。世尊遊羅閱祇城。時王使數十人。常採好華。一日大小男子婦女。俱出城外採華。欲還入城。遙見世尊。相好威光。巍巍無量。猶星中月。如日初出。照於天下。與菩薩弟子。前後圍繞。俱往佛所。稽首作禮。而作是言。人命難保。佛世難遇。經法難值。今遇大聖。猶病得醫。我既貧賤。加屬縣官。霸役之患。恒不自在。國王嚴勑。令採華貢。常以早進。設失時節。或復見誅。佛聖出世。億劫難遇。寧棄身命。以華貢佛。并散聖衆。因受經戒。聽察深法。無窮之慧。我從無數劫。為人所害。不可稱載。未曾為法。而不惜命。今供世尊三寶之華。縱使見害。不墮苦痛。必生安處。却自皈命。一心重禮。佛知其念。發大道意。甚慈愍之。具為敷講。大乘之法。六度無極。四等。四恩。三脫菩提。諸採華人。皆發道意。心解佛慧。至不退轉。無所從生。佛與授記。後當作佛。號曰妙華。

原典註釋

①**採華獻佛**：《採花違王經》，全名《採花違王上佛授決號妙花經》，東晉天竺三藏竺曇無蘭譯，此故事亦收錄於《經律異相》〈為王採花遇佛供養〉。

據此經內容，採花人以花獻佛，佛為採花人授記之後，採花人回到家中，便向父母告別：「兒今已命盡，犯了死罪將被判刑而死。」父母非常驚愕，問他到底犯什麼何罪？他將事情經過訴父母：「我把所有的花都供佛了，我已經沒有花可以貢給國王，必定被判死罪，所以向你們告別。」父母十分憂愁。突然打開花箱一看，發現箱中仍裝滿著一些鮮花，父母趕緊叫他拿去進貢國王。這時，因為採花人未按時將花送進宮中，王宮派人將其逮捕，依法判刑處斬。採花人入宮見到國王時，絲毫不懼，國王覺得奇怪，便問：「你當被處死，為何不怕？」他回答說：「人有生死，萬物有生成，便有毀壞。我不是以非法而傷害其他性命，而是採花，遇佛而供養，雖知違抗王命，當判死罪，然而，寧以有德而死，不以無德而存。回家後看了花箱，仍滿裝鮮花，這實在是如來恩德所賜。」王不信他所言，就押著他到佛那裡詢問究竟。佛告訴國王：「他說的都是真實，此人發心廣度十方眾生，不惜身命，獻花供佛，而得授記作佛，號『妙華』。」國王聽了立刻親自為採花人解開繩索，悔過自責說：「我多麼愚昧，願菩薩原諒。」佛見國王悔過，讚歎說：「能自己改過便和無過一樣。」

造幡供佛

佛在迦毗羅衛國時，城中有位十分富有長者，財富不可計量。長者娶了一位名門望族的女兒為妻，這妻子虔敬信佛，親手做了一對長幡，獻給了佛。不久，她懷孕，懷胎十月，生了一男孩，容貌端正而出眾。孩子出生時，天空中出現一個大幡蓋，覆蓋全城。人們看到這景象，就稱這男孩為波多迦。

波多迦長大後，某日出城遊玩，遇到了佛，他看見佛莊嚴美好的相貌，光明普照，如同百千日光，心中十分歡喜，至前向佛頂禮。佛便為他說法，他即證得了須陀洹果。回家後，他向父母辭行，請求出家修道。父母雖然十分不捨，但難得孩子有這善根因緣，並沒有阻攔他，就讓他隨佛出家做沙門。

波多迦出家後，精勤修習三明六通，具足了八解脫。諸天神和世人都對他心生敬仰。佛便對弟子說：「過去世有一國王槃頭末帝，他取了舍利後，造了七寶塔供養。有一人做了長幡，懸掛塔上，許了願便離開。因為這樣的功德，使他在九十一劫都未曾墮入地獄、餓鬼和畜生之惡道，轉生天上。之後，無論他在什麼地方，都會有幡蓋覆蓋在上方，吉祥平安。一直到了今日，他遇到我，決心出家修道。當時那個獻佛長幡的人，就是今天的波多迦。」

◀長者兒初生時，空中現大幡，覆於城上，因名波多迦，後隨佛出家，得羅漢果。宿世曾於佛塔懸長幡發願，故九十一劫不墮惡道，所生之處感有大幡。

造幡供佛

造幡供佛❶

百緣經云。佛在迦毗羅衛國。城中有一長者。財富無量。不可稱計。選擇族望。娉以為婦。其婦發大心。製造長幡。奉佛世尊。而為供養。其婦懷妊。足滿十月。生一男子。端正殊妙。與眾超絕。初生之日。虛空之中。有大幡蓋。徧覆城中。時諸人眾。因為立字。號波多迦。年漸長大。出城遊戲。見佛世尊。三十二相。八十種好。光明普曜。如百千日。心生歡喜。前禮佛足。佛為說法。得須陀洹果。歸辭父母。求索入道。父母愛念。不能為逆。將詣佛所。便成沙門。精勤修習。三明六通。具八解脫。諸天世人。所見敬仰。佛告比丘。昔有國王。名槃頭末帝。收取舍利。造七寶塔。而供養之。時有一人。作一長幡。懸著塔上。發願而去。緣是功德。九十一劫不墮地獄畜生餓鬼。天上人中。常有幡蓋。蔭覆其上。受天快樂。乃至今日。遭值於我。出家得道。欲知彼時上佛旛者。今波多迦是也。

原典註釋

①**造幡供佛**：佛教中「幡」是旌旗類的總稱，和「幢、蓋」等都是供養佛菩薩與莊嚴道場的法具，象徵佛菩薩的威德。幡為初期佛教教團的記號，經典中又以之為降魔。佛經中也說造立此幡，能得福德，避免苦難，往生佛淨土，因供養幡可得菩提及其功德，如《灌頂經》卷十一：「我今亦勸造作黃幡懸著剎上，使獲福德離八難苦，得生十方諸佛淨土，幡蓋供養隨心所願至成菩提。」。此外，《藥師本願經》、《十方隨願往生經》等亦說命終時懸幡可延壽或招福，即「續命幡」。《釋迦譜》卷五〈阿育王造八萬四千塔記〉：「塔成，造千二百織成幡及雜華，未得懸幡。王身有疾，伏枕慷慨曰：『若威靈有感，願察我至誠』，諸塔並列于坐隅。俯臨王前王手自繫幡……（中略）由是病癒，增算十二，故因名為『續命幡』。」《灌頂經》卷十一也提及命過幡功德：「若人臨終之日，當為燒香然燈續明，於塔寺中表剎之上，懸命過幡，轉讀尊經竟三七日。所以然者命終人，在中陰中身如小兒，罪福未定應為修福，願亡者神使生十方無量剎土。承此功德必得往生。亡者世若有罪業應墮八難，幡燈功德必得解脫。」

施衣得記

世尊進城乞食時，有一婆羅門，見佛身上袈裟破了，便回家取了一塊細棉布，獻給佛補破衣。佛接受了他的善意，並且告訴婆羅門：「你將於百劫後成佛。」城中有些長者居士聽了，並不以為然，心想：「這婆羅門只布施了這麼小塊布，為何能得到如此大果報呢？」

世尊告訴大家說：「過去世有位大臣，向佛請求三個月的供養，佛答應他，當時他的國王槃頭也請求供養佛三個月，佛就對國王說：『我先接受了大臣邀請，就不更改了。』國王回來後就對大臣說：『佛在我國中，我想供養，但聽說你先請了佛。我想請你暫時放棄供養佛，讓我先供養三個月，然後你再供養。』大臣回答國王說：『如果大王能保佑我身命，又能保住佛長住國中，並保證國泰民安而無災難，如果大王都能辦到這些事，我就先放棄供養佛，由國王先供養。』國王領會了大臣心意，便對大臣說：『就這樣吧，我們輪流供養佛，由你供養一日，我供養一日。』大臣覺得有理便同意了。之後國王與大臣輪流供佛，都滿足了心願。大臣獻給佛三件衣服，也準備給比丘眾每位一件，使他們極為滿意。當知道，布施佛及眾弟子們的大臣，就是這位婆羅門。因為他世世樂善好施，廣種福田，現在又向我布施棉布，所以我才授記他將得成佛果報。」

▲佛進城時，一婆羅門見佛身上袈裟破了，取一塊細棉布，獻給佛補衣。佛受之，並授記他成佛。比丘問其因果，佛說此婆羅門宿世供養佛之因緣功德。

施衣得記❶

賢愚因緣經❷云。爾時世尊入城乞食。有婆羅門。見佛身衣。有少破壞。即至家中。取一白氎。持以上佛。以用補衣。佛便受之。即與授決。汝於百劫。當得作佛。長者居士。咸作是念。云何少施。酬以大報。世尊告曰。昔有大臣。請佛三月供養。佛即許之。有王名曰槃頭。欲先請佛三月供養。佛告王言。吾先受大臣請。王告臣曰。佛處我國。吾欲供養。雖卿先請。今可避我。我供養訖。卿乃請之。臣答王言。若使大王保我身命。復保如來常住於此。復令國土常安無災。若使能保此諸事者。我乃息意。聽王先請。王即告曰。卿請一日。我復一日。臣便可之。更互設食。各滿所願。爾時大臣。具辦三衣。復為諸比丘衆。作七條衣。人與一領。皆悉滿足。阿難當知。爾時大臣。辦具衣服。施佛及僧。以為供者。即此婆羅門是。乃世世植福。今值於我。復供白氎。故得如是。授決之果。

原典註釋

①**施衣得記**：關於施衣功德，《佛為首迦長者說業報差別經》云：「若有眾生奉施衣服、得十種功德：一者，面目端嚴；二者，肌膚細滑；三者，塵垢不著；四者，生便具足上妙衣服；五者，微妙臥具，覆蓋其身；六者，具慚愧服；七者，見者愛敬；八者，具大財寶；九者，命終生天；十者，速證涅槃。是名奉施衣服得十種功德。」

②**賢愚因緣經**：一名《賢愚經》，譯者為慧覺、威德等人，曾西行求經至於今新疆和田，遇五年一次般遮於瑟會。會中長老講經律，他們分別記錄下來，譯成漢文，回到高昌後，綜集成為此部經，過流沙送到涼州，涼州名僧慧朗將它題名《賢愚經》。本經初翻稱為《譬喻經》，經過慧朗的斟酌，為了避免經名重複，才題名為《賢愚經》。除漢譯之外，還有藏文、蒙文譯本。內容有寓言、神奇傳說、雋永的說理。各品對出處的經律，經過刪節或擴充、修飾。隨說法者之善巧，中國後來的俗講文學也淵源於此。《賢愚經》又和《撰集百緣經》（吳支謙譯）、《雜寶藏經》（元魏吉迦夜共曇曜譯），共稱為漢譯譬喻文學中的三大部。其影響頗為廣泛，漢文撰集的《法苑珠林》、《經律異相》常引用其內容。

小兒施土

某天，世尊與阿難進城乞食，看見一群孩子正在玩耍，他們用泥土建造房屋與倉庫，以沙土當米，裝滿了倉庫。其中有個孩子遠遠地看見佛來，他便從倉庫中取出沙土，當成了米，雙手捧著要布施給佛，佛見這男孩可愛，就接受了他的供養，並拿給阿難：「你把這些沙土帶回去精舍，將它和成泥，塗在房舍和地上。」阿難就拿著沙土返回精舍，按照佛的交代去做了。

佛對阿難說：「剛才那男孩所布施的那一小把沙土，雖然不夠做什麼，但因為這份功德因緣，在我涅槃後，他將能成為國王，名叫阿輸迦（阿育王）。另一個孩子則成為大臣，他們將共同治理國家，並護持佛法，在其國土上，將會廣設供養，使佛、法、僧三寶興盛，他們還會將佛舍利分布到世界各地，為我建造八萬四千座佛塔。」

阿難問佛：「那小孩布施一捧土，就有如此大的功德果報呢？」佛告訴阿難：「過去世有一國王，名波塞奇，當時有弗沙佛出世。國王與臣民都供養這位佛和他的弟子們。國王心想，我大國的人民能常見佛並供養，而其餘小國地處偏僻，他們就沒有這樣的福分，無緣見佛。我應當把佛的形象畫出來，分送給各小國，這樣所有人就能有緣見佛並供養了。於是他召集一群畫師，畫了八萬四千幅佛像，送給小國。緣於這功德，他便有了八萬四千座佛塔的果報。」

▲一孩子雙手捧沙以為米，布施供給佛，佛受之。佛告知阿難，此男孩所布施的功德因緣，將於佛涅槃後，成為大國王，護持三寶，廣造佛塔，名阿育王。

小兒施土

小兒施土

賢愚因緣經云。世尊與阿難入城。乞食。見羣小兒。於道中戲。共聚地土。造作屋舍。及作倉庫。以土為米。有一小兒。遙見佛來。生布施心。即取倉中名為米者。取以施佛。佛即低頭受土。與阿難言。持土塗我房地。阿難持還精舍。即塗房地。佛告阿難。向者小兒。歡喜施土。足塗房地。緣斯功德。我般涅槃。百歲之後。當作國王。字阿輸迦❶。其次小兒。當作大臣。共領閻浮提。一切國土。興隆三寶。廣設供養。分布舍利。遍閻浮提。當為我設八萬四千塔。阿難白佛言。施一掬之土。乃有如此多塔之報。佛言。昔有國王。名波塞奇。有佛出世。名曰弗沙。王與諸臣。供養佛僧。時王心自念言。今此大國。人民之類。常得見佛。禮拜供養。其餘小國。各處違僻。人民之類。無由脩福。就當圖畫佛之形像。分布諸國一切人民。咸令供養。即召畫師。多畫佛像。得八萬四千。感於多塔之報。

原典註釋

①**阿輪迦**：即阿育王，阿育王是印度史上很重要的轉輪王，也是護持佛教的國王，在南傳佛教經典，有特別以撰寫阿育王的經典，可見其對佛教後來發展的影響力，佛對阿育王的預言，也同樣見阿含部經典，《雜阿含經》卷二十三：「阿難當知，於我滅度百年之後，此童子於巴連弗邑統領一方，為轉輪王，姓孔雀，名阿育，正法治化，又復廣布我舍利，當造八萬四千法王之塔，安樂無量眾生。如偈所說：『於我滅度後，是人當作王，孔雀姓名育，譬如頂生王，於此閻浮提，獨王世所尊。』阿難！取此鉢中所施之沙，捨著如來經行處，當行彼處。」

阿育王後來果真成為印度孔雀王朝的第三任統治者，此王朝是史上初統一印度之帝國，不過，他原先性情極為暴惡，但在信奉佛教之後，一改前非，以善法治國，不僅創造了孔雀王朝顛峰，更是成就了印度史上疆域最為廣闊的國土時期，為當時全球最強大政權。其遣使傳揚佛法範圍跨及亞洲、北非、歐洲地中海等地。但印度本土缺乏史書的撰寫，漢譯佛典的《阿育王傳》對阿育王的記錄及保存最為完整，因此成為史學者重視的典籍。

衣救龍難

有四個龍王，名喻氣、大喻氣、熊羆、無量色。四個龍王一起來參見佛，求佛說：「我們大海裡有無數種類的龍，牠們因為各自的業報而有各種形態。但有四種金翅鳥，常至海面來吞食我們這些龍，就像是在吃麵條一樣，令龍子們生活不得安寧。所以，我們特地來請求佛能救救我們，讓海中的龍族之類能安穩的生活。」

佛聽龍王的話，便卸下身上的袈裟送給了龍王，並告訴他們：「你們把我的袈裟分給牠們，每條龍都要得到一絲縷的袈裟，這樣金翅鳥就無法再來吃你們了。但是，只要你們誠心持戒，所求的願望就一定能實現。」

龍王受了佛的袈裟，心想：「佛只送這麼小一件袈裟，但大海中有無邊無量的龍，如何能分呢？」佛知道了龍王所想，便對龍王說：「你別看這袈裟，雖看似微小，但即使三千大千世界中所有的龍來分，也是分不完的。」龍王聽了這番話，便把袈裟帶回，將它分成無數，使每一條龍都分得，但怎麼分，袈裟依然完好如初，怎麼分也分不完。

龍王們見此不可思議情況，非常高興，便攜全家妻兒，一起到佛前說：「如來所說的話，真是一點也沒有虛妄。願佛為我們授記，使我們能達清淨無為的彼岸。我們請求皈依三寶，恪守戒律，敬奉如來。自今後，我們所有的龍都會護持佛門正法。」

◀金翅鳥常食龍子，四個龍王求助於佛，佛賜予龍王袈裟一件，交代龍王各龍子分一絲縷，以護生命。金翅鳥不得食龍子，遂尋問佛，佛於是度化之。

衣救龍難

衣救龍難

海龍王經❶云。有四龍王。一名嗡氣。二名大嗡氣。三名熊羆。四名無量色。頂禮佛足。而白佛言。大海之中。無數種龍。若干種行。皆因業報。或有大種小種。有四種金翅鳥❷。常食斯龍。及龍妻子。諸龍種類。願佛擁護。令海諸龍。常得安隱。於是世尊。脫身袈裟。告海龍王。汝當取是如來袈裟。分與諸龍。皆令周遍。有值一縷者。金翅鳥王不能犯觸。持禁戒者。所願必得。時諸龍王。各心念言。是佛袈裟甚少。安得周遍大海諸龍。佛知龍意。告龍王言。假使三千大千世界。所有龍王。各分如來袈裟。終不能盡。時海龍王。取佛袈裟。而自分作無央數百千段。與諸龍王。其衣如故。終不能盡。時諸龍王。及龍妻子。欣然大悅。自投佛前。同聲說言。如來所語。終無有二。授我等決。至無為岸。吾等今日。歸命佛法。及諸聖眾。奉受禁戒。恭順如來。從今日始。一切諸龍。擁護正法。

原典註釋》

①**海龍王經**：西晉竺法護譯。屬方等部經典。佛為海龍王說大乘之深義，六度十德等菩薩之法，又為龍王龍女，阿修羅等受記成佛，宣示女人及龍王、阿修羅等皆可成佛。東晉慧遠曾誦此經祈雨。

②**金翅鳥**：音譯蘇鉢剌尼，意譯羽毛美麗者。「金翅鳥」為印度神話之鳥，視同迦樓羅鳥，為印度教毗濕奴神所跨乘，翅翮金色。兩翼廣達三三六萬里，住於須彌山下層。此鳥又譯「迦樓那」，意思是「食吐悲苦聲」，這是因為大鵬金翅鳥以吃龍來養活自己，牠們吃龍時，從龍的尾巴先吞，吞了之後，就放到牠們的囊袋儲藏，然後吐食，慢慢消化。但有時龍還活著，於金翅鳥吐食時感到悲痛，而發出悲苦之聲，遂得此譯名。《觀佛三昧海經》記載，因業報故，此鳥以龍為食，一日之間可食一龍王及五百小龍。其食龍時，發出極為悲苦之聲，並奮力拍擊寬大的兩翼，分開海水，諸龍無所遁形，而獵食之，故有成語「金翅擘海」，其用翅擘海水使乾，比喻文章氣勢雄偉，或透徹入微。而此鳥為龍的天敵，為龍的惱苦之一，佛陀慈憫眾生，因而教化金翅鳥，並告知金翅鳥宿世，曾在金仁佛時為比丘，因違犯戒法，貪於供養，志迷醉惑，隨親友種逐於豪貴，意亂吾我，墮於邪見，輕諸比丘逼迫惱之，不護身、口、意，作惡眾多，但因為供養金仁佛，而不墮地獄，墮此禽獸。金翅鳥於是懺悔並皈依受戒，不再食龍，成為佛教護法，故佛教寺院午齋皆施食供養此鳥。大乘諸經典列屬八大部眾之一，與天、龍、阿修羅等共列，密教中，被視為梵天、毗紐天、大自在天等化身，或謂文殊師利之化身。

證明說咒

釋迦牟尼佛來到補陀洛迦山觀世音菩薩道場，觀世音菩薩請佛坐莊嚴寶殿的寶師子座。這時，有諸菩薩及聲聞弟子，並諸天神眾皆來聚會。觀世音菩薩在大會中密放神通光明，照耀十方，天宮龍宮，十方都為之震動，使日月星宿的光為之黯淡。會中總持王菩薩合掌問佛：「如此神通光明，未曾所見，是何神聖所放？」

佛告總持王菩薩：「此乃觀世音菩薩，為使一切眾生都得到安樂，祂祕密地放出這樣的大光明。」於是觀世音菩薩從座而起，向佛合掌：「我為諸眾生能得安樂故，除一切病，得壽命故，惟願世尊慈悲，允許我當眾宣說大悲心陀羅尼神咒。」佛說：「你以大慈悲心，為安樂眾生，今日正是時候，宜速宣說此咒。」

觀世音菩薩對佛說：「如果有四眾弟子誦持此咒者，應當於一切眾生起慈悲心，先以至誠之心，稱念我的名號，發深弘誓願，然後開始誦持此咒。此大悲神咒能除滅身中一切重罪，如果有人誦持大悲神咒，於現世之中，一切所求，如果有不應驗者，此咒便不能稱為大悲心陀羅尼。」接著，觀世音菩薩即於眾前合掌，於一切眾生起大悲心，宣說此神妙章句陀羅尼。此時，天雨寶花，繽紛而落；十方諸佛，皆大歡喜；天魔外道，恐怖毛豎；一切與會大眾，皆獲果證；無量眾生，悉發菩提心。

◀佛來到觀世音菩薩道場，觀音密放光明，普照十方，並親自宣說大悲心陀羅尼神咒。

證明說呪

大悲經云。釋迦牟尼佛。在補陀洛迦山。觀世音寶殿。寶莊嚴道場中。坐寶師子座。時觀世音菩薩。密放神通光明。照耀世界。天宮龍宮。皆悉震動。時觀世音菩薩。白佛言。我有是悲心陀羅尼。今當欲說。為諸眾生。得安樂故。除一切病。得壽命故。得富饒故。滅一切惡業重罪。遠離怖畏。速能滿足諸希求故。唯願世尊。慈哀聽許。佛言。今正是時。宜應速說。復白佛言。若有四眾。欲誦持者。起大悲心。先當至心稱念我之名字。然後即當誦此神咒。此咒能除滅身中。一切重罪。若諸眾生。誦此大悲神咒[1]者。於現在生中。一切所求若不果遂者。不得為大悲心陀羅尼也。觀世音菩薩。於眾會前。合掌正住。於諸眾生。起大悲心。即說神妙章句陀羅尼。說此咒已。天雨寶花繽紛而下。十方諸佛。悉皆歡喜。天魔外道。恐怖毛豎。一切眾會。皆獲果證。無量眾生。發菩提心。

原典註釋

①**大悲神咒**：即《大悲心陀羅尼經》，全一卷，全稱《千手千眼觀世音菩薩廣大圓滿無礙大悲心陀羅尼經》，略稱《千手經》。唐伽梵達磨譯。經宣說之咒語，即俗稱之「大悲咒」，全名「千手千眼觀世音菩薩廣大圓滿無礙大悲心陀羅尼經大悲神咒」，又稱大悲心陀羅尼、千手千眼觀音大悲咒、千手千眼無礙大悲心陀羅尼、速超十地陀羅尼等，為唐宋以來中國佛教界所盛行。

此咒係過去九十九億恆河沙數諸佛所說，觀世音菩薩受之於千光王靜住如來，觀世音始住初地，聽得本咒，升至第八地不動地菩薩果位。因而發起誓願，欲度來世的一切眾生，當其發此願後，身便具足了千手千眼，十方大地為之震動，十方諸佛放無量光明，遍照十方世界。「我於是時，始住初地，一聞此呪故，超第八地。我時心歡喜故，即發誓言：『若我當來，堪能利益、安樂一切眾生者，令我即時，身生千手、千眼具足。』發是願已，應時身上，千手千眼，悉皆具足；十方大地，六種震動；十方千佛，悉放光明，照觸我身，及照十方，無邊世界。」

燃燈不滅

舍衛國有一貧女，名難陀，乞討為生。她看到國王臣民以及富有人家都供佛，心想：我恐怕是前世罪報，今生才如此命苦。雖然我遇到福田，卻沒有種子可種福。心頭不覺一陣酸楚湧上，她只好繼續乞討，期盼能得到一些微薄錢財去供佛。

她乞討了一整天，只討了一錢。她拿這一錢去買了油，然後拿著油，一路走到精舍敬奉。她將油放入燈中，把燈放在許多燈的中間，然後跪下發誓：「我很窮，只能以這盞小燈來敬奉佛，希望這小小的功德，使我來世能擁有智慧，來幫助世間的眾生消除煩惱昏昧。」貧女發完誓願，再次禮佛，而後離去。

隔日清晨，其餘的燈都熄滅，只剩貧女的燈依然明亮。這時，目犍連看見天已亮，來殿堂中收拾燈座，發現有一盞燈仍燃燒著，且燈芯沒有一點損耗，如同剛點燃一般。目犍連想把燈熄滅，但不管他如何搧，那盞燈依然光亮。

佛見目犍連想要把燈滅了，就走過來對他說：「這盞燈你是弄不熄滅的，這是一位發廣大善心的人所奉，即使你以大海水潑它，以大風吹它，也無法熄滅它。」這時難陀女又回來向佛頂禮，佛於是為她授記：「你於來世百劫中成佛，法號叫燈光如來。」難陀女得佛授記，於是請求出家，佛就允許了。

◀貧女難陀，以乞討的錢點燈供佛，並發願智慧增長，利益眾生，燈火長明不滅，佛為其授記燈光如來。

燃燈不滅

燃燈不滅❶

賢愚因緣經云。舍衛國有一貧女。名曰難陀。貧窮孤獨。見諸國王臣民。皆供養佛。心自思惟。我之宿罪。生處貧賤。雖值福田。無有種子。酸切感傷。深自咎悔。便行乞丐。以俟微供。竟日不休。唯得一錢。即持買油。往到精舍。奉上世尊。置於燈中。自立誓願。我今貧窮。用是少燈。供養於佛。以此功德。令我來世。得智慧燈。滅除一切眾生垢暗。作是誓已。禮佛而去。乃至竟夜。諸燈盡滅。唯此獨燃。是時目連。次當直日。察天已曉。收燈摒擋。見此一燈。獨然明好。膏炷未損。如新燃燈。白日燃之無益。欲取滅之。暮規還燃。舉手扇燈。燈焰如故。無有虧損。復以衣扇。燈明不損。佛見目連。欲滅此燈。語目連曰。今此燈者。非汝所能滅。此是廣濟發大心人所施之物。貧女復來禮佛。佛即授記。汝於來世。百劫之中。當得作佛。號曰燈光。十號具足。求佛出家。佛即許之。

原典註釋

①**燃燈不滅**：這個「貧女施燈」典故，極為著名，出自《賢愚經》〈貧女難陀品〉、《阿闍世王授決經》及《經律異相》皆有記載。「貧女一燈」亦收錄於佛學大辭典。貧女難陀以一盞油燈供佛，因為她純淨的發心，蒙受佛授記，此公案意旨，布施的功德並非布施的多寡，而在於布施者的內在發心。

據《賢愚經》所載，阿難見貧女供燈功德如此廣大，便問佛：「貧女過去有什麼業行，為何此世貧苦乞討生活？又因何德行，遇到佛出家修行，四眾弟子爭相供養？」佛告訴阿難：「過去世有迦葉佛出世，時有位居士妻親自前去邀請佛及比丘眾供養，然而迦葉佛在她之前已答應一個貧女的供養，且她已證得阿那含果。但這位長者的妻子以為自己財富眾多而高傲，因此輕視那位貧女，又抱怨迦葉佛先接受貧女供請，便對佛說：『世尊為何不接受我的供養，卻接受那位乞丐女的供養呢？』正因為她口出惡言，又輕慢聖賢，所以之後五百世中，她一直出生在貧賤乞丐的家中，但由於那時她能以恭敬和歡喜心供養如來以及僧眾，如今才能值遇佛陀出世，得以出家並獲授記，大眾欽仰供養。」與會大眾，聽聞此因緣，皆大歡喜。國王以及大臣百姓，聽說難陀貧女因供養一盞燈而被授記成佛，油然而生欽仰心，各自施與供養無有缺乏。全國人民，競相供奉香油燈，燈盞遍滿祇洹精舍，林中內外處處燈明，如繁星佈滿於空中，有七夜之久。

龍宮說法

佛來到優婆難陀龍王宮中，住大威德摩尼藏大雲輪殿的寶樓閣中。無數龍王獻無數的香花、旗幡寶蓋以及各種珍珠瓔珞供養佛。眾龍王聽聞如來說法，其中有一龍王，名無邊莊嚴海雲威德輪蓋，精進修行，證得了不退轉的菩薩階位，他問佛：「怎樣才能讓眾龍王滅一切苦難，受安樂，讓世界時降甘雨，生長出樹林及一切作物等，繁茂昌盛，人們也都受樂？」

佛告訴龍王：「你為了使眾生獲大利益向我請示，我現在就告訴你一種方法，你們如果能按照這方法，便可讓所有龍消滅種種痛苦，具足安樂。此方法就是行大慈善事。如果能行大慈善業，無論天上人間，火不能燒、水不能淹、毒不能害、刀不能傷，內外仇敵也不能侵擾，無論睡眠或清醒，都能得安穩。能行大慈善行，則有大威德，天神和人都不能擾亂他，他形貌端正，為眾生所敬愛，各種苦難也都消除，常得歡喜。所以，龍王，你們的身口意，所思所行都應奉行大慈行。」

隨後，佛又為龍王說種種法，龍王們聽聞後，心開意解，都歡喜奉受，得法眼淨，求受三歸五戒，行大慈行。

◀佛來龍王宮說法，龍王請示佛如何滅諸苦，佛說行大慈善行，則有大威德，天神和人都不能擾亂，各種苦難得消除，龍王歡喜信受奉行。

龍宮說法

龍宮說法

大雲輪請雨經[1]云。佛在難陀優婆難陀龍王宮內。住大威德摩尼藏大雲輪殿。寶樓閣中。與無量諸龍王[2]眾。即以無量香華。幢幡繒蓋。真珠瓔珞。供養如來。爾時眾中。有一龍王。名無邊莊嚴海雲威德輪蓋。已得不退轉。欲聽受正法。即白佛言。云何能使諸龍王等。滅一切苦[3]。得受安樂。令此閻浮提內。時降甘雨。生長樹木藂林。藥草苗稼。皆生滋味。使諸人等。悉受快樂。佛告大龍王言。汝今為彼諸眾生等。作大利益。能問斯事。我有一法。汝等若能行者。令一切龍。除滅諸苦。具足安樂。謂行大慈。若有天人行大慈者。火不能燒。水不能溺。毒不能害。刀不能傷。內外怨賊不能侵掠。若睡若寤。皆得安隱。行大慈力。有大威德。諸天世人。不能擾亂。形貌端嚴。眾所愛敬。諸苦滅除。心得歡喜。是故龍王。身口意業。常應須行。彼大慈行。佛為龍王說種種法。龍王聞已。歡喜奉行。

原典註釋

①**大雲輪請雨經**：又作《請雨經》，唐不空譯。本經主要述說請雨時應受持的陀羅尼。龍王請示佛陀除滅一切苦惱之法，以普降甘雨利樂一切眾生；佛乃告之一切樂陀羅尼，憶念受持毗盧遮那藏大雲如來等五十四如來名號，除滅請雨、止雨及降雨五障的陀羅尼。本經同本異譯者有：北周闍那耶舍譯《大雲請雨經》，隋那連提耶舍譯《大雲輪請雨經》及《大方等大雲請雨經》。其中，那連提耶捨所譯之本，於一八七一年，英國佛教學者比爾（S. Beal）英譯出版。一八八〇年，班達爾（C. Bendall）又將此經的部分梵本及其英譯本刊行。近代於新疆吐魯番地區發掘出以回鶻文字土耳古語所寫成版本。

②**諸龍王**：經典中有多處佛教化龍王故事，學者認為此意指「那伽」種族皈依佛教。由於印度自古以來即有「那伽」（龍）之種族，現今散居於東北印度阿薩姆（Assam）及緬甸西北部等地，崇拜龍蛇。然而，傳入中土之後，融入了中國古代所信仰的龍，豐富了佛教的多元性色彩。

③**滅一切苦**：文中龍向佛請求滅苦，然而龍有什麼苦腦之事？《長阿含經》卷十八所舉龍之三種苦惱。即：一、熱風熱砂燒皮肉骨髓，二、惡風奪居處飾衣，三、金翅鳥掠奪宮中龍子。《長阿含經》卷十八：「此閻浮提所有龍王盡有三患，唯阿耨達龍無有三患。云何為三？一者舉閻浮提所有諸龍，皆被熱風、熱沙著身，燒其皮肉，及燒骨髓以為苦惱，唯阿耨達龍無有此患。二者舉閻浮提所有龍宮，惡風暴起，吹其宮內，失寶飾衣，龍身自現以為苦惱，唯阿耨達龍王無如是患。三者舉閻浮提所有龍王，各在宮中相娛樂時，金翅大鳥入宮搏撮或始生方便，欲取龍食，諸龍怖懼，常懷熱惱，唯阿耨達龍無如此患；若金翅鳥生念欲往，即便命終，故名阿耨達阿耨達秦言無惱熱。」

念佛法門

佛在祇樹給孤獨園，對長老舍利弗說：「從我們這世界的西方，經十萬億佛土，有一佛土，名極樂世界；那佛土有一尊佛，稱阿彌陀佛，今正在宣說佛法。生活在那裡的人民，身心沒有痛苦，受諸快樂，故稱極樂世界。」

接著，佛詳細介紹極樂佛土的情況，無論是受生者或所依賴的生活環境，都具不可思議的莊嚴，清淨殊妙，超越十方凡聖同居國土。一切進修道業的資源與福緣，無一不具足。凡眾生得生此國，皆得證不退轉，當中還有很多一生補處的菩薩。因此，眾生有緣聽聞此殊勝法門，便應當發願往生該佛土，與諸佛菩薩、諸善人會聚一處，但只有少許的善根福德因緣，是不足以往生的。如果有眾生聽聞阿彌陀佛種種功德，信而發願，一心執持阿彌陀佛名號，或一天，乃至七天，達到一心不亂。那麼這念佛的人，將於臨命終時，阿彌陀佛與諸聖眾，將會出現面前，接引他往生到極樂世界。

佛又告訴舍利弗：「不但是我今天如此稱揚讚歎阿彌陀佛不可思議功德，十方諸佛也都在各自的國土，出廣長舌相，讚歎勸信阿彌陀佛。所以，你們應當信受我所說的話，還應當知：我於此五濁惡世中，成就無上正等正覺，是非常不容易的。」

◀ 弗告舍利弗：「從此西方過十萬億佛土，有世界名曰極樂，其土有佛，號阿彌陀，今現在說法。其國眾生，無有眾苦，但受諸樂。故名極樂。」

念佛法門

佛說阿彌陀經[1]云。佛在祇園。告舍利弗。從是西方。過十萬億佛土。有世界名曰極樂。其土有佛。號阿彌陀[2]。今現在說法。其國眾生。無有眾苦。但受諸樂。故名極樂。乃復廣陳依正二報。清淨莊嚴。超過十方同居國土。進道資緣。無一不具。眾生生者。皆是阿鞞跋致。其中多有一生補處。眾生聞者。應當發願。願生彼國。得與諸上善人。俱會一處。但不可以少善根福德因緣。得生彼國。若有眾生聞說阿彌陀佛。執持名號。若一日。乃至七日。一心不亂。臨命終時。佛與聖眾。現在其前。接引往生極樂國土。六方諸佛。亦各於其國。出廣長舌相。讚歎勸信阿彌陀佛。不可思議功德之利。是故汝等。皆當信受我語。及諸佛所說。舍利弗。當知我於五濁惡世。行此難事。得阿耨多羅三藐三菩提。是為甚難。

原典註釋

①**阿彌陀經**：姚秦鳩摩羅什譯，又稱《小無量壽經》，簡稱《小經》，與《無量壽經》、《觀無量壽經》合稱淨土三部經。此經在中土弘傳極盛，歷經三次漢文譯出。此經是佛自說的經，內容敘述西方極樂世界的無上莊嚴：有七寶嚴飾的樹林、樓閣、八功德水池、諸色微妙的蓮花；只要一心稱念阿彌陀佛名號，死後即可往生該處等。由於漢譯本僅約二千字左右，不但容易背誦，加上念佛修持方法簡易，故在中國流傳甚廣，宋明以後成了寺院中每天必念的晚間日課，淨土宗亦隨此經的流傳，影響日益擴大。又此經的藏文譯本從梵文譯出，由施戒與智軍共譯出，受到西藏宗教思想影響。梵文本於一八八一年，由英國馬克斯．繆勒與日本南條文雄在倫敦刊行。並於一八九四年譯成英文，刊載於《東方聖書》第四十九卷。之後，又有日本學者依據梵、漢、藏文譯出日文版。

②**其土有佛，號阿彌陀**：中國佛教宗派中，淨土宗因專修往生阿彌陀佛淨土得名。始祖慧遠曾於廬山建立蓮社，提倡往生淨土，又稱蓮宗。唐代善導創立此宗，之後，淨土宗承續流傳，歷代名師輩出，該宗由於修行方法簡便易入手，故中唐以後廣泛流行。宋明以後，與禪宗融合，建立律宗、天台宗、華嚴宗等，亦兼修念佛法門，很快便普及於一般社會。近代印光所撰《蓮宗十二祖贊》，以慧遠、善導、承遠、法照、少康、延壽、省常、袾宏、智旭、行策、實賢、際醒為蓮宗十二祖。印光則被其門下弟子推為第十三祖。西元十二世紀日僧源空創立日本淨土宗，其弟子親鸞又開創淨土真宗。淨土宗成為北傳佛教極具特色的宗派。

佛讚地藏

世尊告訴天帝釋：「你們要知道，有一菩薩名地藏，作出家聲聞相，在無量劫前，已修成道，在五濁惡世，沒有佛的世界中教化眾生，具不可思議的無量殊勝功德。他在十方諸佛的國土，利益一切有情，消除他們的病痛、憂愁和煩惱，能滿足一切眾生所求之願。如果有人能用一頓飯的時間，至誠皈依供養，他的願望很快就能實現，勝過在數百劫中皈依供養諸佛菩薩。經中所說末法時期，這個世界充滿惡濁，那時人根敗壞，如同坯器一樣低劣、敗壞。知見愚昧無知、不辨是非，像瞎子一樣，他們貪圖俗世五欲的享樂，不思進取，一無所成，如同石頭田地，無法長出莊稼，人間充滿十惡行，就像腐臭的屍體一樣污穢。這部經能消除眾生煩惱，能讓佛、法、僧三寶久住世間。」

佛又說：「我把這部經傳給我的弟子，若有人皈依出家，即使不能成就法器，甚至毀壞戒行，應該給予處罰，但莫逼他還俗。」佛祖又囑咐國王、大臣等護持佛法，能得長壽安樂，並獲得十種功德利益。所謂「十輪」是指國王治國應當選用良臣，安撫人民，練兵禦敵，經營各種事業，慰勞功臣，興盛文藝，賞善罰惡，建立佛、法、僧三寶，教化眾生，斷除他們的十惡行，倡導十善行。如此，能讓三寶佛門弟子法眼永續流傳，長夜不滅，能降伏魔怨，使修行人成就無上道。

◀ 世尊告訴天帝釋，有一菩薩名地藏，無量劫前已成道，具不可思議功德。佛將《地藏十輪經》傳給弟子，又囑咐國王、大臣等，使眾生獲長久安樂。

佛讚地藏

地藏十輪經[1]云。爾時世尊。告天帝釋曰。汝等當知。有菩薩名曰地藏[2]。作聲聞像。已於無量無數大劫。五濁惡世時。無佛世界成就有情。具足不可思議殊勝功德。於十方諸佛國土。利益安樂一切有情。除一切病惱。憂苦逼切。能滿一切所求之願。若有人於一食頃。歸依供養。諸所求願。速得滿足。勝於百劫。歸依供養諸佛菩薩。經中所說末法惡世。時人根敗如坯器空。見如生盲。五欲如石田不苗。十惡如臭身垢穢。此經能滅眾生煩惱。令三寶久住。佛言。我遺法弟子。下至非器。無戒行者。雖應罰治。無令還俗。付囑護持。我法國王。大臣宰官。長壽安樂。獲十種功德利益。十輪者。人王治國選用臣僚。撫安民人。教兵禦敵。修營事業。給養功藝。賞善罰惡。建立三寶。教化眾生。斷其十惡。令修十善。能令三寶。種性法眼。長夜不滅。降伏魔怨。令修行人。成無上道。

原典註釋

①**地藏十輪經**：共十卷，唐玄奘譯，又稱《大方等十輪經》、《大乘大集地藏十輪經》。此經弘揚地藏菩薩法門，歎地藏菩薩之功德，由本願力成就十種佛輪，能破除末世之十惡輪。十輪者即佛之十力也。

②**地藏**：即地藏菩薩，音譯作乞叉底蘗婆。地，即住處；藏，即含藏。《地藏十輪經》：「安忍不動，猶如大地；靜慮深密，猶如祕藏。」故稱地藏。別稱持地菩薩、無邊心菩薩、地藏王菩薩。

梵文《十地經》載有地藏菩薩，可知六、七世紀後，地藏菩薩已為印度人所信仰。依經所載，地藏菩薩受釋尊付囑，於釋尊寂滅後至彌勒菩薩下生間之無佛時代，誓願濟度教化六道一切眾生，有「地獄未空，誓不成佛」的誓願，故尊稱為「大願地藏菩薩」，與觀音（大悲）、文殊（大智）、普賢（大行）並稱為四大菩薩，為中國佛教所流傳。

據《地藏本願經》所載，地藏菩薩的本緣有四：於遠劫前，一、大長者之子發願度脫六道罪苦眾生。二、婆羅門女欲救亡母脫離惡趣，立誓普度罪苦眾生。三、為一國王，誓願救度一切罪苦眾生皆證菩提，自己方成佛。四、光目女子欲拯救在地獄受苦的亡母，故誓願濟度一切罪苦眾生。

據宋《高僧傳》載，其應化說法之道場於安徽省九華山。地藏菩薩多示現出家相，與文殊、普賢之多現在家相不同。因地藏菩薩以悲願力特別悲憫地獄道罪苦眾生，而示現閻羅王身、地獄身等廣為罪苦眾生說法，一般又以閻羅王為地藏菩薩之化身。中國民間信仰，地獄思想受《地藏菩薩本願經》影響甚深，視地藏菩薩為地獄最高主宰，稱之幽冥教主，其下管轄十殿閻王。敦煌千佛洞有地藏十王圖，繪有地藏菩薩及閻羅十王等像。

勝光問法

憍薩羅國的勝光王，向佛請法：「但願大師，您能教我怎樣做一位好國王？」

佛告訴勝光王：「做為一個好國王，應當愛護你的人民，讓他們安穩快樂，制止他們做惡，鼓勵他們勤修善業。人民如同你的子女，都懷有忠孝之心。所以身為國王，應該常懷恩澤寬恕，少徵賦稅，減少勞役。設置的官位不宜過多，要職責分明，懲罰邪惡者，獎賞善良者。如果有不忠的，就依照古代聖王治國辦法，讓他們流放偏遠之地，但不宜施行殺戮。能饒恕他們的死罪，給一條生路，必有好報，凡能生為人道者，皆由過去勝緣所感召，如果肆意殺害生命，一定會招惡報。

「此外，應該常一心恭敬三寶，莫生邪見。我涅槃後，把法傳給國王、大臣輔相，讓他們擁護，不至於使佛法受迫害。燃起正法的火炬，轉正法輪，盡於未來，讓佛法永續不絕。如果能照我說的去奉行，便能讓國中的龍王歡喜，因而風調雨順；也能讓各諸神喜悅，國家豐樂太平，消災除禍，一片祥和。國王你也會快樂無比，永保住王位，福祉延綿，無憂無慮，增益壽命。到那時，國王德行將聞名四方。外國諸王都會來恭敬你，他們會說：『這國家的國王，仁讓忠孝，以法教化，體恤百姓，愛民如子，天下第一，我們都願意願歸伏此大法王。』國王命終也能往生天界，盡享殊勝妙樂。」

◀勝光王向佛請示治國之道，佛告訴勝光王，應體恤人民，愛民如子，慈心治國，懲罰惡者，獎賞善者，但不宜施行殺戮，亦當恭敬三寶，護持正法。

勝光問法

勝光問法

勝光經云。憍薩羅國。勝光王❶白佛言。惟願大師。善教於我。為國主法。佛告大王。如父憐愛諸子。常願安隱。遮其惡行。勸修善業。國人如子。並懷忠孝。作天子者。情懷恩恕。薄征賦斂。省其徭役。設官分職。不務繁多。黜罰惡人。賞進賢善。不忠良者。當速遠離。順古聖王。勿行刑戮。生人道者。勝緣所感。若斷其命。定招於報。常當一心。恭敬三寶。莫生邪見。我涅槃後。法付國王。大臣輔相。當為擁護。勿致衰損。然正法炬。轉正法輪。盡未來際。常令不絕。若能如是。依教行者。則令國中。龍王歡喜。風調雨順。諸天慶悅。豐樂安隱。災橫皆除。率土太平。王身快樂。永保勝位。福祚延長。無復憂惱。增益壽命。現在名稱。遍滿十方。外國諸王。咸來貢獻。其國天子。仁讓忠孝。以法教化。拯恤黔黎。於諸國中。最為第一。我等今者。咸當歸伏。此大法王。捨身之後。得生天上。受勝妙樂。

原典註釋

①**勝光王**：即波斯匿王。又譯勝軍、勝光。《勝光經》，全名《佛為勝光天子說王法經》，唐義淨譯。乃佛陀應憍薩羅國王勝光天子之願，為其說治國之法。謂國主應遠惡法，修善法，恭敬三寶等。此外，又闡釋一切諸法之體性空虛，無常壞滅，能知無常，則生厭離心；即為智慧之生，由此智慧而證得涅槃。在《阿含經》中亦載有許多佛為波斯匿王開示諸多內容。

維摩示疾

當時毗耶城中，有一長者名維摩詰，辯才無礙，入深佛法，善於應用智慧說法，又通達各種方便，教化他人；有一次，他示現有病之身，出現在眾人面前，藉此為大眾現身說法。

聽到維摩詰居士生病的消息，大家都前往探視問候，他便應機譬喻，對眾人說：「各位仁者，我這身體時常變化，並非永遠存在，它也不會永遠強健，它有痛苦，有煩惱，常常被各種疾病纏繞，很快便會衰老、腐朽，所以它並非堅固常在。它如同聚集在一起的泡沫，不可捉搓；它如同水中氣泡，無法久存；它如同火焰，從渴愛欲望而生；它又如同芭蕉，有葉無枝，中間不堅實；它又如同幻覺，從顛倒妄想而產生假象；它又如同是夢境，虛妄而見；它又如同影子，因為日光等因緣條件而顯現；它又如同是一聲響，由各種因緣聚合而生；它又如同浮雲，瞬間消逝；它又如同閃電，隨念流轉而不常住。

「它沒有真正的主宰，就像大地，身沒有我；就像火，短暫消失，身沒有真實壽命；就像風的來去，身沒有真實的人；就像水的流動，身本身就不實，身乃地、水、火、風四大假合而有的一個空相，離開了我，以及我所有，它就沒有了知覺，像草木瓦礫一樣，沒有了作用，為風力所轉，它不淨，充滿了污穢；它是虛假的，雖然洗澡穿衣，但終究歸於滅亡；它多災難，有幾百種病的聚合；它像枯井，被老死所逼迫；它生死不定，終歸於死，所以這身沒有可眷戀的，實在是該厭離的苦患。」

▲維摩詰居士，辯才無礙，善於方便教化，某日示現有病之身，為大眾現身說法。言身無常，四大苦空，無主、無我、無定，如幻不實，可患、可厭。

維摩示疾

維摩詰經[1]云。爾時毗耶城中。有長者名維摩詰。辯才無礙。入深法門。善於智度。通達方便。其以方便。現身有疾。以其疾故。皆往問疾。維摩詰因以身疾。廣為說法。諸仁者。是身無常。無強無力無堅。速朽之法。不可信也。為苦所惱。眾病所集。是身如聚沫。不可撮摩。是身如泡。不得久立。是身如焰。從渴愛生。是身如芭蕉。中無有堅。是身如幻。從顛倒起。是身如夢。為虛妄見。是身如影。從業緣現。是身如響。屬諸因緣。是身如浮雲。須臾變滅。是身如電。念念不住。是身無主。為如地。是身無我。為如火。是身無壽。為如風。是身無人。為如水。是身不實。四大為家。是身為空。離我我所。是身無知。如草木瓦礫。是身無作。風力所轉。是身不淨。穢惡充滿。是身虛偽。雖假以澡浴衣食。必歸磨滅。是身為災。百一病惱。是身如丘井。為老所逼。是身無定。為當要死。此可患厭耳。

原典註釋

①**維摩詰經**：又稱《維摩經》，全稱《維摩詰所說經》，本經旨趣闡說維摩所證之不可思議解脫法門，故稱《不可思議解脫經》，後秦鳩摩羅什譯。本經約成立於西元一世紀間，繼般若經後的大乘經典之一。在印度曾盛行一時，但梵本大多散失，只剩片斷。《維摩詰經》不僅在印度佛教具重要地位，也是少數能融入中國文化的一部佛典。內容是採用象徵意義的談話形式，彰顯大乘性空思想，為同類經典中感染力較強作品。由於形象鮮明，又富於哲理的文藝價值，故自中土便以此些豐富情節，作為繪畫、雕塑、戲劇、詩歌題材。五世紀中葉營造的雲崗石刻，北魏遷都後的龍門石窟，兩石窟中，常見維摩詰與文殊像並列，有時又與釋迦佛同時出現。

關於《維摩經》的流傳，在唐五代的敦煌寫卷中可得到文字方面的證實。維摩詰作為長者居士的典型形象，更是在佛教界及社會文化中文學、藝術，留下了深刻影響。後世則將此經作為在家人的佛教經典，維摩詰居士也被視為在家佛教徒的理想體現者。

文殊問疾

佛對文殊師利菩薩說：「你到維摩詰那裡去探問他的病情。」文殊師利承佛旨意，到維摩詰處探病。只見他病臥在床，文殊菩薩上前詢問：「居士的病如何？可以忍受嗎？經過治療有所減輕吧？世尊對你非常關心，多次親切詢問您的病情。不知居士的病是怎麼引起的？病了這麼久時間，何時才能治癒呢？」

維摩詰藉此因緣而說：「我因愚痴而生貪愛心，由貪愛而得了病。因為一切眾生有病，所以我有病；假如眾生能夠不病，我的病也就好了。菩薩為濟度眾生而受生，而有生死，有生死身就必然就有病。如果眾生能脫離病苦，菩薩就不會再生病了。這個病是怎麼引起的呢？菩薩的病是由於大慈悲心所致啊！」

文殊師利又問：「應該說什麼來安慰生病的菩薩呢？」維摩詰說：「對有病的菩薩慰問，應說此身無常，但不可勸其厭離於身；說身有苦，而不說樂於涅槃；說人身無我，以無我之心去教化眾生；說人身空寂，而不說人身終歸於寂滅；說懺悔前世的罪過，而不要陷於過去的罪過中。以自己的疾病去憐憫眾生疾病的苦。應當憶念宿世無數劫苦難，而常思利益一切眾生。應常憶起自己所修福德，念於清淨，不妄生煩惱憂愁。應當經常勤修，立志做醫王，治療眾生的疾病。應當這樣安慰有病的菩薩，使祂歡喜。」

◀文殊師利菩薩承佛旨，往維摩詰處探病，維摩詰云：「一切眾生病，是故我病。若一切眾生得不病者，則我病滅。菩薩為眾生入生死，有生死則有病。」

文殊問疾

文殊問疾

維摩詰經云。佛告文殊師利❶。汝詣維摩詰問疾。文殊承佛聖旨。詣彼問疾。維摩詰唯置一床。以疾而臥。文殊言。居士是疾。寧可忍不。療治有損。不至增乎。世尊殷勤致問。居士是疾何所因起。其生久如。當云何滅。維摩詰言。從癡有愛。則我病生。以一切眾生病。是故我病。若一切眾生得不病者。則我病滅。菩薩為眾生故。入生死。有生死。則有病。若眾生得離病者。則菩薩無復病。是疾何所因起。菩薩疾者。以大悲心起。文殊又問。應云何慰喻有疾菩薩。維摩詰言。說身無常。不說厭離於身。說身有苦。不說樂於涅槃。說身無我。而說教導眾生。說身空寂。不說畢竟滅寂。說悔先罪。而不說入於過去。以己之疾。愍於彼疾。當識宿世。無數劫苦。當念饒益一切眾生。憶所修福。念於淨命。勿生憂惱。常起精進。當作醫王。療治眾病。應如是慰喻有疾菩薩。令其歡喜。

原典註釋

①**文殊師利**：音譯曼殊室利，意譯為妙德、妙吉祥、妙樂、法王子。是大乘佛教中以智慧著稱的菩薩，與般若經典關係甚深，文殊菩薩在過去世曾為七佛之師，被喻為三世諸佛成道之母，有「三世覺母妙吉祥」的尊號。《佛說放缽經》：「今我得佛，有三十二相、八十種好，威神尊貴，度脫十方一切眾生者，皆文殊師利之恩，本是我師。前過去無央數諸佛，皆是文殊師利弟子，當來者亦是其威神恩力所致。譬如世間小兒有父母，文殊者佛道中父母也。」

《首楞嚴三昧經》載其久遠劫早已成佛，號稱龍種上如來，於南方平等世界成無上正等覺，壽四百四十萬歲入涅槃，即今之文殊師利法王子。又與普賢菩薩並列為釋迦牟尼佛的兩大侍，象徵佛智、佛慧之德。其所乘之獅子，象徵其威猛。有關文殊菩薩淨土，據《文殊師利佛土嚴淨經》、《大寶積經》〈文殊師利授記會〉《悲華經》〈諸菩薩本授記品〉、《法華經》〈提婆達多品〉載，菩薩久遠劫來，發十八種大願，嚴淨佛國，當來成佛，稱為普現如來，其佛土在南方，號離塵垢心世界、無垢世界、清淨無垢寶寘世界。

據《新華嚴經論》載，過東方十佛剎微塵數之世界有一「金色世界」，其佛號為不動智，此世界菩薩即稱文殊師利。而中土華嚴宗則稱東方清涼山為其住所，而以中國山西五台山（清涼寺）為其道場，五台山因而成為代表文殊師利的名山。

金鼓懺悔

妙幢菩薩在聞法後，當晚便夢一大金鼓及懺悔偈。隔天醒來，妙幢記憶受持不忘，並前往佛所，向佛稟告祂夢中所聽到的懺悔法：

夜間所夢見金鼓，所發出的妙音，能夠滅除三世諸苦，以及地獄、餓鬼、畜生等惡道之苦，乃至貧窮困厄諸苦。金鼓發所出聲音，不但除滅一切諸苦，也為一切眾生，無歸無依無救護者，而作皈依處，諸佛世尊皆以大慈悲，當證知我，受我懺悔。如果我百劫所作眾惡，以是因緣而生大憂苦，十方大悲世尊，能除眾生的怖畏，當受我誠心的懺悔，令我恐懼都能得到消除。我所有煩惱垢，唯願諸佛世尊，以大悲水，洗除令淨。過去所造諸惡，我今悉皆懺悔；現所作造罪業，我將誠心發露出來；所未曾造作的，更不再造作；所作之罪，也不敢覆藏隱匿。身、口、意所造的十種惡業，所應遭受的惡報，我今於佛前，誠心的懺悔。若此國土及他方世界，我所修行，身、口、意所修的善法，全部都回向十方，願於未來，證無上佛道。

◀妙幢菩薩在夢大金鼓及懺悔偈誦，受持不忘，並前往佛所，向佛稟告：我做諸惡業，苦報當自受，今於諸佛前，至誠懺悔。

金鼓懺悔

金光明經[1]云。爾時妙幢菩薩。夜夢金鼓。及懺悔偈。向如來說。夢見金鼓。所出妙音。悉能滅除。三世諸苦。地獄餓鬼畜生等苦。貧窮困厄。及諸有苦。如是金鼓。所出之音。悉能除滅一切諸苦。無依無歸。無有救護。我為是等。作歸依處。諸佛世尊。有大慈悲。當證微誠。哀受我懺。若我百劫。所作眾惡。以是因緣。生大憂苦。十方現在。大悲世尊。能除眾生一切怖畏。願當受我誠心懺悔。令我恐懼悉得消除。我之所有煩惱業垢。唯願現在諸佛世尊。以大悲水。洗除令淨。過去諸惡。今悉懺悔。現所作罪。誠心發露。所未作者。更不敢作。已作之罪。不敢覆藏。身業三種。口業四種。意三業行。今悉懺悔。身口所作。及以意思。十種惡業。一切懺悔。所造惡業。應受惡報。今於佛前。誠心懺悔。若此國土。及餘世界。所有善法。悉以回向。我所修行。身口意善。願於來世。證無上道。

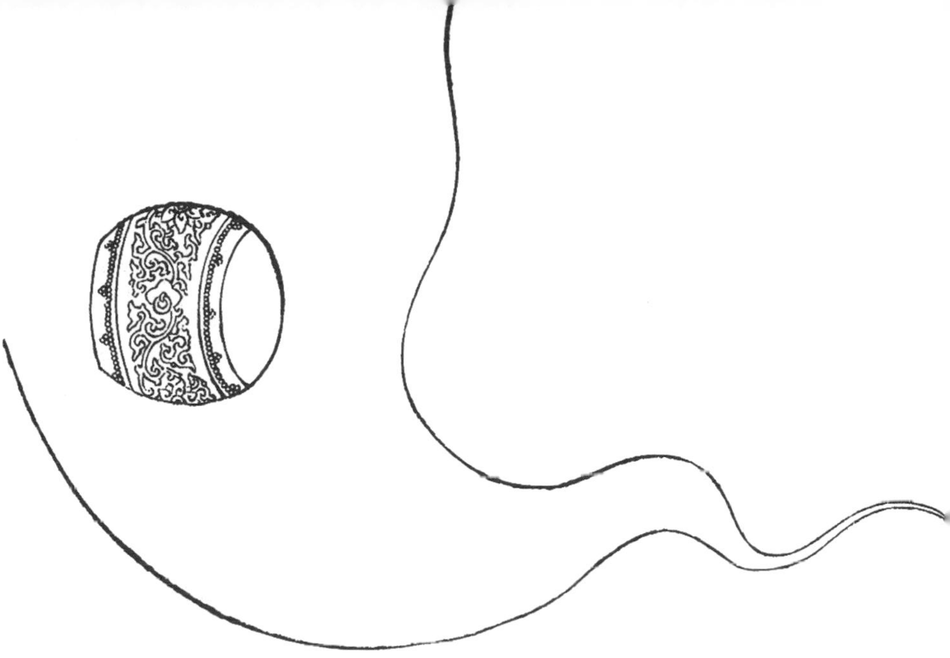

原典註釋

①**金光明經**：共四卷，北涼曇無讖譯。其他漢傳譯本，尚有《合部金光明經》八卷，隋代寶貴等編；《金光明最勝王經（略稱最勝王經）》十卷，唐義淨譯。經文中所說懺悔法，及諸天護國思想，王法正理論議。《金光明經》與《法華經》、《仁王經》被認為是鎮護國邦三部經。誦讀此經，國土皆可獲四天王之守護。後來成為佛教流行的傳說和信仰，使本經流傳更廣。

本文懺悔偈誦出自《金光明經》：

是大金鼓，所出妙音，悉能滅除，三世諸苦，地獄餓鬼、畜生等苦，
貧窮困苦、及諸有苦。是鼓所出，微妙之音，能除眾生，諸惱所逼，
斷眾怖畏，令得無懼，猶如諸佛，得無所畏。諸佛聖人，所成功德，
離於生死，到大智岸；如是眾生，所得功德，定及助道，猶如大海。
是鼓所出，如是妙音，令眾生得，梵音深遠；證佛無上，菩提勝果；
轉無上輪，微妙清淨；住壽無量，不思議劫；演說正法，利益眾生；
能害煩惱，消除諸苦；貪瞋癡等，悉令寂滅。若有眾生，處在地獄，
大火熾然，燒炙其身。若聞金鼓，微妙音聲，所出言教，即尋禮佛。

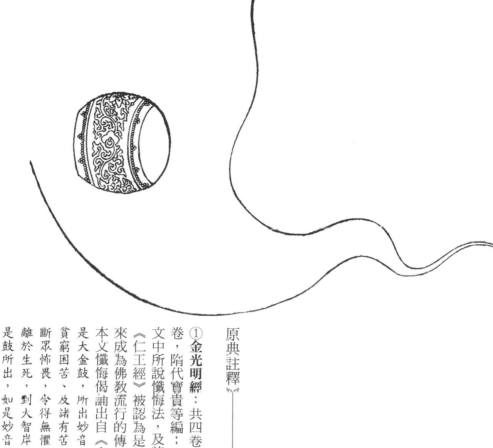

楞伽說經

某時期，佛住海濱楞伽山頂，有種種寶花莊嚴。當時有諸大菩薩從各方佛土世界而來，祂們以無量三昧之力，作種種神通遊戲。其中，以大慧菩薩而為上首。一切諸佛，手灌其頂，自心現境界，對種種眾生、種種心色、無量度門，而隨類普現，菩薩都善解其義，於五法三自性、八識二無我，亦能究竟通達。大慧菩薩便以偈讚佛：

世間離生滅，猶如虛空花，一切法如幻，遠離於心識，遠離於斷常。
世間恒如夢，知人法無我。煩惱及爾焰，常清淨無相，而興大悲心。
一切無涅槃，無有涅槃佛，無有佛涅槃。遠離覺所覺，若有若無有，
是二悉俱離。牟尼寂靜觀，是則遠離生，是名為不取，今世後世淨。

說完偈讚，大慧菩薩向佛詢問一百八義及五法三自性、八識二無我之義。世尊一一為其分別解釋。末後佛殷勤勸誡：「我之弟子諸修行者，應當修慈心，不食一切眾生肉，及蔥韭蒜等葷菜及一切酒。食肉人無慈心，永遠背離了正解脫之道。」

◀佛住海濱楞伽山頂，種種寶花莊嚴。當時有諸大菩薩從各方佛土世界而來，大慧菩薩問唯識法義，世尊一一為其分別解釋，宣說《楞伽經》。

楞伽說經

楞伽經❶云。佛住南海濱。楞伽山頂，種種寶花。以為莊嚴。諸菩薩眾。從彼種種異佛剎來。無量三昧。自在之力。神通遊戲。大慧菩薩而為上首。一切諸佛。手灌其頂。自心現境界。善解其義。種種眾生。種種心色。無量度門。隨類普現。於五法三自性。八識二無我。究竟通達。時大慧菩薩以偈贊佛。世間離生滅。猶如虛空花。一切法如幻。遠離於心識。遠離於斷常。世間恒如夢。知人法無我。煩惱及爾焰。常清淨無相。而興大悲心。一切無涅槃。無有涅槃佛。無有佛涅槃。遠離覺所覺。若有若無有。是二悉俱離。牟尼寂靜觀。是則遠離生。是名為不取。今世後世淨。說偈贊已。諮問一百八義。及五法三自性。八識二無我之義。爾時世尊。一一分別解釋已。殷勤誡勖。我之弟子。諸修行者。應當修慈心。不食一切肉。及蔥韭蒜等。種種放逸酒。食肉無慈心。永背正解脫。

原典註釋

①**楞伽經**：全名《楞伽阿跋多羅寶經》或《入楞伽經》，梵名 Lankavatara-sutra，其中 lanka 是楞伽島，是印度南部海岸的一個小島，一般皆以之為錫蘭島（Ceylon），為斯里蘭卡島的古名，vatara 為「入」或「表露」之意，因此「入」可能指佛陀來到楞伽島上，因而假定本經是佛陀駐錫在島上時所宣說的，但學者間並不肯定即是如此。最早的譯本是南朝求那跋陀羅的譯本（即《楞伽阿跋多羅寶經》四卷），此譯本最能表現此經的原始形態，流行也最廣。之後還有北魏菩提流支的譯本《入楞伽經》十卷，實叉難陀的譯本《大乘入楞伽經》七卷。還有藏譯本與梵本，本經現存梵本自尼泊爾所傳，日本學者南條文雄、河口慧海等人於一九二三年將之校正出版。

此梵文原本系印度大乘佛典之一，與《解深密經》同為論述唯識思想的重要經典。此經偏重於理論哲學的說明，結合印度佛教法相唯識系與如來藏系的重要經典，全經以離名絕相的第一義為宗，以妄想無性為旨，以五法（名、相、妄想、正智、如如）、三自性（遍計自性、依他自性、圓成自性）、八識（眼、耳、鼻、舌、身、意、末那、阿賴耶，共八識）、二無我（法無我、人無我）為教相，認為八識是阿賴耶識大海生起之波浪，阿賴邪識是「根本識」，是無始以來的本體，故阿賴耶識也就是「如來藏」，為大乘瑜伽行派的學說奠定理論基礎。

圓覺總持

某天，如來住於常寂光淨土，此境，原是聖凡同源。此時，如來現受用身，與眾菩薩共同安住。當時，文殊師利菩薩首先向佛請示，如來在因地時，最初發心，以及如何修行，至究竟佛果的經過，盼佛為大眾開示。

於是世尊宣說如來圓覺妙理，如何遠離如幻的無明，這譬如世間種種幻化，生於覺心，當幻盡而覺圓，心通法遍，了知心本是佛。無明由念起而漂沉輪迴，如能頓除妄心，則能漸竭愛源。

佛詳盡說明了次第修習禪定的種種修持，逐層說明，並且指示克期取證的方便法，末後以淨諸煩惱，悟入圓覺性海為宗旨。這一部經統攝了一切佛法要義，周備戒定慧三學總綱，因而稱為圓覺總持。

如果有人受持此經，護法金剛將晨夕守護，令心不退轉，其家永無災障，疾病消滅，財寶豐足。

◀ 文殊師利菩薩向佛請示，如來在因地初發心及修持。於是世尊宣說如來圓覺妙理，使一切眾生頓除妄心，悟入圓覺性海，以《圓覺經》統攝一切法義。

圓覺總持

圓覺經[1]序云。如來入寂光土。凡聖一源。現受用身。主伴同會。曼殊師利。創問本起之因。薄伽至尊。首提究竟之果。照斯真體。滅彼夢形。知無我人。誰受輪轉。種種幻化。生於覺心。幻盡覺圓。心通法遍。心本是佛。由念起而漂沉。岸實不移。因舟行而驚驟。頓除妄宰。空不生花。漸竭愛源。金無重礦。理絕修證。智侶階差。覺前前非。名後後位。況妄念起滅。德等圓明者焉。然出廄良駒。已搖鞭影。埋塵大寶。須設治方。故三觀澄明。真假俱入。諸輪綺互。單複圓修。四相潛神。非覺違拒。四病出體。心花發明。復令長中下期。克念攝念而加行。別遍互習。業障惑障而銷亡。成就慧身。靜極覺遍。百千世界。佛境現前。是以聞五種名。超剎寶施福。說半偈義。勝河沙小乘。實由無法不持。無機不被者也。持此經者。金剛晨夕守護。令不退轉。其家永無災障。疫病消滅。財寶豐足。

原典註釋

①**圓覺經**：全名《大方廣圓覺修多羅了義經》，又作《大方廣圓覺經》、《圓覺修多羅了義經》、《圓覺了義經》。唐罽賓沙門佛陀多羅譯。此經是佛為文殊、普賢等十二位菩薩宣說如來圓覺的妙理和觀行，主要說明大乘圓頓之理及如何觀行實踐之法。

據《圓覺經》，名為「圓覺」：「無上法王有大陀羅尼門，名為圓覺，流出一切清淨真如、菩提、涅槃，及波羅蜜，教授菩薩。一切如來本起因地，皆依圓照清淨覺相，永斷無明方成佛道。」經文中也對導致生死流轉的「無明」作了說明：「云何無明？善男子！一切眾生從無始來種種顛倒，猶如迷人四方易處，妄認四大為自身相，六塵緣影為自心相；譬彼病目見空中花及第二月。善男子！空實無花，病者妄執。由妄執故，非唯惑此虛空自性，亦復迷彼實花生處，由此妄有輪轉生死，故名無明。」又云：「善男子！一切眾生種種幻化，皆生如來圓覺妙心。」由於內容直顯本來成佛的圓教旨趣，後人稱此經為大乘頓教。經中所提及奢摩他、三摩鉢提、禪那三種禪法及二十五種清淨定輪，乃至遠離作、止、任、滅四種禪病（七至十一章）皆與禪法相合，此經顯示的修行方便，適用於禪門修持，因而在叢林中盛行流傳，在漢傳佛教禪門中傳習甚廣。

楞嚴大定

某日，阿難乞食托缽，被摩登伽女的大幻術咒所迷惑，將毀其戒體。世尊及時頂放百道光明，光中現千葉寶蓮，寶蓮台上有佛化身，宣說「楞嚴神咒」，破了惡咒，保住阿難清淨戒體。

阿難歸來後，自愧定力不足，殷勤請佛開示。佛於是宣說了這部《楞嚴經》，名大佛頂首楞嚴王具足萬行，十方如來，同依此妙法門，超出生死，入於妙莊嚴海。此經最初七處破妄心，以八種可還之境，分別能見之性，佛手開合，為了顯真性不動，自心妙明，常光現前，性周法界；煩惱狂心頓然停歇，歇即菩提，非刻意人為。經文中，有二十五位菩薩各宣說修證圓通的修持法門，由文殊菩薩揀擇諸聖，其中以觀音菩薩的耳根圓通，從聽聞契入，最契合此娑婆世界眾生的根機。

隨後，佛又說五濁世中十二類眾生流轉受生的因緣；要除滅妄想，須從乾慧地依次增進修行，經歷十信、十住、十行、十回向、四加行、等覺、妙覺，共五十五果位。佛又說世間十因、十類、七趣、三界生業因緣，及十種禪那、五陰種種魔事，使修道者警覺；接著又說到修三摩地等事。此經告誡斷殺、盜、淫、妄，於道場持咒，及即修證功德等。

最後佛對阿難說：「若人以七寶奉上諸佛，不如一念將此法門開示未學。如果人具毀四重戒，犯十波羅夷，應入地獄，是人罪障，應念消滅。如能依教奉行，直至菩提，則無復魔業干擾。」

◀阿難乞食托缽，為摩登伽女術咒所惑，將毀其戒體。世尊頂放百道光明，宣說「楞嚴神咒」，破惡咒。阿難自慚，請佛開示。佛於是宣說《楞嚴經》。

楞嚴大定

楞嚴經[1]云。阿難為大幻術摩登伽女咒攝。將毀戒體。世尊頂放百道光明，光中千葉寶蓮。有佛化身。坐宣神咒。阿難歸來佛所。佛說此經。名大佛頂首楞嚴王。具足萬行。十方如來。一門超出妙莊嚴路。七處徵心。八還辯見。飛光擊觸。寶手開合。顯真性不動。自心妙明。常光現前。性周法界。歇即菩提。不從人得。文殊選擇諸聖。二十五圓通。以觀音從聞入道。為此方真教體。五濁十二類生。受生源因。修三漸次。方得除滅。從乾慧地。修行增進。十信。十住。十行。十回向。四加行。等覺。妙覺。五十五位。十因。十類。七趣三界。生業因緣。十種禪那。五陰區宇。種種魔事。次說修三摩地。斷殺盜淫妄。道場持咒。修證功德。佛言。若人以七寶奉上諸佛。不如一念將此法門。開示未學。若人具四重。十波羅夷。應入地獄。是人罪障。應念消滅。如教行道。直成菩提。無復魔業。

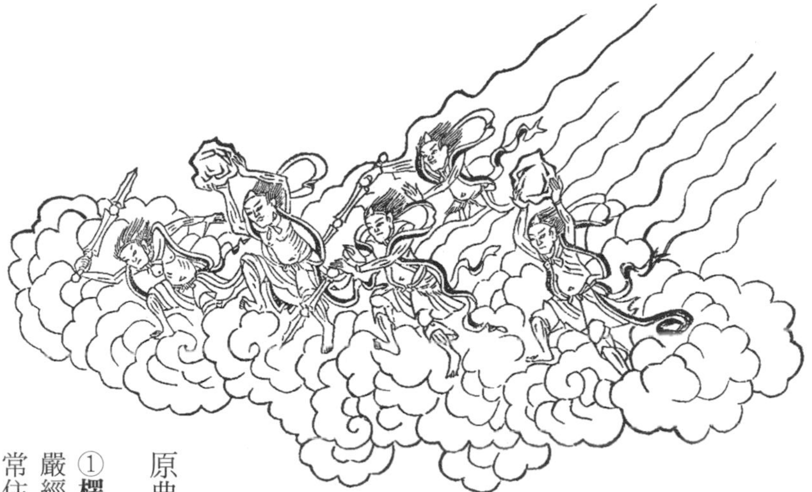

原典註釋

①**楞嚴經**：全名《大佛頂如來密因修證了義諸菩薩萬行首楞嚴經》，或稱《大佛頂首楞嚴經》，又稱《中印度那爛陀大道場經》，為唐中宗般刺密帝譯，屬於秘密部。此經以常住真心性清淨體為中心，詳細了圓頓禪的途徑，論點與台、賢二家圓教宗旨相合。其七處徵心、八還辨見，對於禪宗參究有很大的啟發。特別是大勢至菩薩的念佛圓通，觀世音菩薩的耳根圓通，為禪、淨學人所用。五陰魔之說則給禪修者警策。自宋而後，此經盛行於禪、教之間。宋元以後，楞嚴咒更為叢林早課之一，此經的流傳和講習就更普遍了。

自中唐以迄近代，千百年間，此經備受禪講的推崇，成為後世禪修行者重要典籍。今所存著作多半是屬於賢首、天台、禪宗三家。又，此經又屬於密教，其密教的「即身成佛」的原則，自與顯教的理論有所不同。故自古以來對於此經存有真偽的爭執而不能決。

般若真空

佛在鷲峰山、給孤獨園、他化天宮、竹林園四處，總共宣說了十六會《大般若經》。此經西域本有二十萬偈。先後傳來中土的摩訶、光贊、道行、小品、大明度、勝天王、文殊、金剛八部，都包含在《大般若經》中。

唐三藏法師玄奘，到西域取回全本，在玉華寺翻譯了六百卷。在般若空宗，將此經說得最為周盡。最初，玄奘法師順從眾人意思，如鳩摩羅什所翻譯的方式，除去繁雜及重複的部分，但於夜夢中見極怖畏事，於是保留未刪，因此還是依照廣本梵本翻譯，便見殊勝境界。

全經翻譯完成之日，般若放光，諸天雨花，空中出現微妙音樂，四處芳香。玄奘法師說：此經乃鎮國之典，人天大寶。經中提及此方當有樂大乘者。國王大臣及四部徒眾，若發心書寫受持、讀誦流佈，皆得生天，究竟解脫。般若為諸佛之母，更是六度之一，其他五度都沒有賦予「大」名，唯此般若圓宗，獨稱尊「大」，這是因為眾妙之淵府，群智之玄宗，萬法之本源，眾聖之圓極；其他五度只為輔佐，與般若作輔翼。梵語般若，華言智慧，即甚深智慧。

◀玄奘翻譯《大般若經》，除去繁複，但於夜夢見怖畏，於是保留未刪，依原梵本翻譯，便見殊勝境界。完成之日，般若放光，天雨花妙音，四處芳香。

般若❶真空

法寶標目云。佛於鷲峰山。給孤獨園。他化天宮。竹林園。四處。十六會說。西域本有二十萬偈。此土摩訶。光贊。道行。小品。大明度。勝天王。文殊。金剛八部。咸在其中。唐三藏法師玄奘❷。取全本於西域。玉華寺譯成六百卷。般若空宗。此經周盡。初法師將順眾意。如羅什所翻。除繁去重。於夜夢中。有極怖畏事。還依廣翻。即見殊勝境界。遂不敢刪。依梵本譯。慶成之日。般若放光。諸天雨花。空中音樂。異香芬烈。法師曰。此鎮國之典。人天大寶。經自記此方。當有樂大乘者。國王大臣。四部徒眾。書寫受持。讀誦流布。皆得生天。究竟解脫。般若為諸佛之母。六度之一數也。五度未與大名。唯此般若圓宗。獨稱尊大。乃是眾妙之淵府。群智之玄宗。萬法之本源。眾聖之圓極。所以前五。但為佐助。與般若作其輔翼。唯此獨立大名。般若者。此云智慧也。

原典註釋

①**般若**：指《大般若經》，全稱《大般若波羅蜜多經》，簡稱《般若經》。為宣說空義大乘般若類經典的彙編。此經宣稱大乘即是般若，為諸佛之智母，為大乘佛教的基礎理論。全經分四處（指佛陀在王舍城的鷲峰山、給孤獨園、他化自在天王宮、王舍城竹林精舍說法的四個處所）十六次集會。前五會均對般若教義全面系統的敘述。第六會至第九會，取大部般若之精要。第十會為佛對金剛手菩薩等說一切法甚深微妙般若法門，帶有密教的色彩。最後六會，依次談六度波羅蜜多。現仍存有的部分梵文本，藏文譯典中，只有各會各別的傳譯。漢譯部分最早形成的似是八千頌般若，即相當於此經第四會的《小品般若》。後漢由天竺沙門竺佛朔繼，與月支沙門支婁迦讖在洛陽共譯成十卷，名《般若道行品經》，通稱《道行般若經》，為《大般若經》別行本傳入中國之始。中間經過許多翻譯，直到唐玄奘於龍朔三年（西元六六三年）完成《大般若經》十六會，共六百卷，成為諸部《般若》總集大成的經典。

②**唐三藏法師玄奘**：奘大師自唐貞觀十九年（西元六四五年）取經返抵長安後，將所帶回的六百五十七部梵典與佛寶物送往弘福寺。唐太宗乃命房玄齡協助大師譯經所需資具與人力。於是徵召全國寺院擅梵文、通佛法、持戒者協助譯經，組成國家級的譯經團隊，玄奘先後在長安弘福寺、大慈恩寺，北闕弘法院、西明寺、玉華宮（後改稱玉華寺）等處進行譯經工作，歷經十九年的時間翻譯經論達七十五部，共一千三百三十五卷。系統性地譯傳大乘瑜伽經論，如《解深密經》、《瑜伽師地論》、《唯識二十論》、《唯識三十頌》、《百法明門論》、《成唯識論》等等，亦翻譯《大般若經》及《大乘廣百釋論》。除了此之外，部派佛教中說一切有部的重要論典，如《大毗婆沙論》、《發智論》、《品類論》等，完整保存在漢傳佛教經藏中。

附錄：《釋迦如來應化事蹟》全系列各篇原始經典與主要譯者

第一卷《娑婆》

篇名	原始經典	主要譯者	篇名	原始經典	主要譯者
釋迦垂跡	無	無	姨母養育	《佛本行集經》	隋闍那崛多譯、費長房等譯
買華供佛	《因果經》，又名《過去現在因果經》	劉宋求那跋陀羅所譯	往謁天祠	《大莊嚴經》，全名《方廣大莊嚴經》	唐地婆訶羅譯
布髮掩泥	《因果經》	劉宋求那跋陀羅所譯	園林嬉戲	《佛本行集經》	隋闍那崛多譯、費長房等譯
上託兜率	《佛本行集經》	隋闍那崛多譯、費長房等譯	習學書數	《佛本行集經》	隋闍那崛多譯、費長房等譯
瞿曇貴姓	《釋迦譜》	梁僧祐撰	講演武藝	《佛本行集經》	隋闍那崛多譯、費長房等譯
咒成男女	《釋迦譜》	梁僧祐撰	太子灌頂	《過去現在因果經》	劉宋求那跋陀羅所譯
家選飯王	《因果經》	劉宋求那跋陀羅所譯	遊觀農務	《普曜經》	西晉竺法護譯
乘象入胎	《因果經》	劉宋求那跋陀羅所譯	諸王捔力	《佛本行集經》	隋闍那崛多譯、費長房等譯
樹下誕生	《佛本行集經》	隋闍那崛多譯、費長房等譯	擲象成坑	《佛本行集經》	隋闍那崛多譯、費長房等譯
九龍灌浴	《佛本行集經》	隋闍那崛多譯、費長房等譯	悉達納妃	《因果經》	劉宋求那跋陀羅所譯
從園還城	《佛本行集經》	隋闍那崛多譯、費長房等譯	五欲娛樂	《佛本行集經》	隋闍那崛多譯、費長房等譯
仙人占相	《佛本行集經》	隋闍那崛多譯、費長房等譯	空聲警策	《佛本行集經》	隋闍那崛多譯、費長房等譯
大赦修福	《佛本行集經》	隋闍那崛多譯、費長房等譯	飯王應夢	《佛本行集經》	隋闍那崛多譯、費長房等譯

篇名	原始經典	主要譯者
道見病臥	《佛本行集經》	隋闍那崛多譯、費長房等譯
路覩死屍	《佛本行集經》	隋闍那崛多譯、費長房等譯
得遇沙門	《大莊嚴經》，全名《方廣大莊嚴經》	唐地婆訶羅譯
耶輸應夢	《佛本行集經》	隋闍那崛多譯、費長房等譯
初啟出家	《莊嚴經》，即《大莊嚴經》	唐地婆訶羅譯
夜半踰城	《莊嚴經》，即《大莊嚴經》	唐地婆訶羅譯
落髮貿衣	《莊嚴經》，即《大莊嚴經》	唐地婆訶羅譯
車匿辭還	《莊嚴經》，即《大莊嚴經》	唐地婆訶羅譯
車匿還宮	《莊嚴經》，即《大莊嚴經》	唐地婆訶羅譯
詰問林仙	《因果經》	劉宋求那跋陀羅所譯
勸請回宮	《因果經》	劉宋求那跋陀羅所譯
調伏二仙	《因果經》	劉宋求那跋陀羅所譯
六年苦行	《普曜經》	西晉竺法護譯
遠餉資糧	《因果經》	劉宋求那跋陀羅所譯
牧女乳糜	《因果經》	劉宋求那跋陀羅所譯
禪河澡浴	《莊嚴經》，即《大莊嚴經》	唐地婆訶羅譯

篇名	原始經典	主要譯者
天人獻衣	《莊嚴經》，即《大莊嚴經》	唐地婆訶羅譯
詣菩提場	《莊嚴經》，即《大莊嚴經》	唐地婆訶羅譯
天人獻草	《佛本行集經》	隋闍那崛多譯、費長房等譯
龍王讚歎	《佛本行集經》	隋闍那崛多譯、費長房等譯
坐菩提座	《莊嚴經》，即《大莊嚴經》	唐地婆訶羅譯
魔王驚夢	《佛本行集經》	隋闍那崛多譯、費長房等譯
魔子諫父	《佛本行集經》	隋闍那崛多譯、費長房等譯
魔女妶媚	《佛本行集經》	隋闍那崛多譯、費長房等譯
魔軍拒戰	《佛本行集經》	隋闍那崛多譯、費長房等譯
魔眾拽瓶	《雜寶藏經》	元魏吉迦夜、曇曜譯
地神作證	《佛本行集經》	隋闍那崛多譯、費長房等譯
魔子懺悔	《佛本行集經》	隋闍那崛多譯、費長房等譯
菩薩降魔	《佛本行集經》	隋闍那崛多譯、費長房等譯
成等正覺	《普曜經》	西晉竺法護譯
諸天讚賀	《普曜經》	西晉竺法護譯

第二卷《度化》

篇名	原始經典	主要譯者	篇名	原始經典	主要譯者
華嚴大法	《華嚴經》，全名《大方廣佛華嚴經》	東晉佛馱跋陀羅譯	二弟皈依	《普曜經》	西晉竺法護譯
頓制大戒	《梵網經》，又名《梵網菩薩戒經》	後秦鳩摩羅什譯	棄除祭器	《佛本行集經》	隋闍那崛多譯、費長房等譯
觀菩提樹	《大莊嚴經》，全名《方廣大莊嚴經》	唐地婆訶羅譯	竹園精舍	《因果經》	劉宋求那跋陀羅所譯
龍宮入定	《佛本行集經》	隋闍那崛多譯、費長房等譯	領徒投佛	《因果經》	劉宋求那跋陀羅所譯
林間宴坐	《佛本行集經》	隋闍那崛多譯、費長房等譯	迦葉求度	《因果經》	劉宋求那跋陀羅所譯
四王獻缽	《佛本行集經》	隋闍那崛多譯、費長房等譯	假孕謗佛	《處胎經》	後秦竺佛念譯
二商奉食	《佛本行集經》	隋闍那崛多譯、費長房等譯	請佛還國	《大莊嚴經》	唐地婆訶羅譯
梵天勸請	《大莊嚴經》	唐地婆訶羅譯	認子釋疑	《大莊嚴經》	唐地婆訶羅譯
轉妙法輪	《因果經》	劉宋求那跋陀羅所譯	度弟難陀	《寶藏經》，即《雜寶藏經》	元魏吉迦夜、曇曜譯
度富樓那	《佛本行集經》	隋闍那崛多譯、費長房等譯	羅睺出家	《未曾有因緣經》	南齊曇景譯
仙人求度	《佛本行集經》	隋闍那崛多譯、費長房等譯	須達見佛	《賢愚經》	元魏慧覺等譯
耶舍得度	《因果經》	劉宋求那跋陀羅所譯	布金買地	《賢愚經》	元魏慧覺等譯
船師悔責	《佛本行集經》	隋闍那崛多譯、費長房等譯	玉耶受訓	《玉耶經》	東晉曇無蘭譯
降伏火龍	《因果經》	劉宋求那跋陀羅所譯	漁人求度	《賢愚經》	元魏慧覺等譯
急流分斷	《普曜經》	西晉竺法護譯	佛化無惱	《賢愚經》	元魏慧覺等譯

篇名	原始經典	主要譯者	篇名	原始經典	主要譯者
月光諫父	《月光童子經》	西晉竺法護譯	佛留影像	《觀佛三昧經》	東晉佛陀跋陀羅譯
申日毒飯	《月光童子經》	西晉竺法護譯	度諸釋種	《觀佛三昧經》	東晉佛陀跋陀羅譯
降伏六師	《賢愚經》	元魏慧覺等譯	降伏毒龍	《觀佛三昧經》	東晉佛陀跋陀羅譯
持劍害佛	《寶藏經》，即《雜寶藏經》	元魏吉迦夜、曇曜譯	化諸婬女	《觀佛三昧經》	東晉佛陀跋陀羅譯
佛救尼犍	《寶藏經》，即《雜寶藏經》	元魏吉迦夜、曇曜譯	阿鄭索乳	《乳光佛經》	西晉竺法護譯
初建戒壇	《戒壇圖經》	唐道宣撰	調伏醉象	《法句經》，即《法句譬喻經》	西晉法炬、法立譯
姨母求度	《中本起經》	後漢曇果、康孟詳譯	張弓害佛	《雜寶藏經》	元魏吉迦夜、曇曜譯
度跋陀女	《佛本行集經》	隋闍那崛多譯、費長房等譯	佛化盧志	《經律異相》	梁寶唱等撰集
再還本國	《寶積經》，即《大寶積經》	唐菩提流誌等譯	貧公見佛	《貧窮老公經》	劉宋慧簡譯
為王說法	《寶積經》，即《大寶積經》	唐菩提流誌等譯	老人出家	《賢愚經》	元魏慧覺等譯

第三卷《妙法》

篇名	原始經典	主要譯者	篇名	原始經典	主要譯者
淨土緣起	《觀無量壽經》	劉宋良耶舍譯	惡牛蒙度	《百緣經》	吳支謙譯
醜女改容	《百緣經》	吳支謙譯	白狗吠佛	《中阿含經》	東晉僧伽提婆與僧伽羅叉譯
鸚鵡請佛	《百緣經》	吳支謙譯	火中取子	《經律異相》	梁寶唱等撰集

篇名	原始經典	主要譯者	篇名	原始經典	主要譯者
見佛生信	《經律異相》	梁寶唱等撰集	祀天遇佛	《法句譬喻經》	西晉法炬、法立譯
因婦得度	《三摩竭經》	吳天竺沙門竺律炎譯	佛救嬰兒	《觀佛三昧經》	東晉佛陀跋陀羅譯
老婢得度	《觀佛三昧經》	東晉佛陀跋陀羅譯	鬼母尋子	《雜寶藏經》	元魏吉迦夜、曇曜譯
盲兒見佛	《越難經》	西晉聶承遠譯	金剛請食	《寶積經》	唐菩提流誌等譯
付囑天龍	《大集經》，全名《大方等大集經》	北涼曇無讖等譯	目連救母	《盂蘭盆經》	西晉竺法護譯
勸親請佛	《法句譬喻經》	西晉法炬、法立譯	施食緣起	《救面然餓鬼經》，全名《佛說救面然餓鬼陀羅尼神呪經》	唐實叉難陀譯
囑兒飯佛	《法句譬喻經》	西晉法炬、法立譯	說咒消災	《消災經》，又名《熾盛光大威德消災吉祥陀羅尼經》	唐不空譯
貸錢辨食	《經律異相》	梁寶唱等撰集	楊枝淨水	《請觀音經》	東晉竺難提譯
談樂佛至	《法句譬喻經》	西晉法炬、法立譯	採華獻佛	《採花違王經》，全名《採花違王上佛授決號妙花經》	東晉竺曇無蘭譯
說苦佛來	《法句譬喻經》	西晉法炬、法立譯	造幡供佛	《百緣經》	吳支謙譯
老乞遇佛	《經律異相》	梁寶唱等撰集	施衣得記	《賢愚經》	元魏慧覺等譯
度網漁人	《法句譬喻經》	西晉法炬、法立譯	小兒施土	《賢愚經》	元魏慧覺等譯
佛度屠兒	《法句譬喻經》	西晉法炬、法立譯	衣救龍難	《海龍王經》	西晉竺法護譯
度捕獵人	《法句譬喻經》	西晉法炬、法立譯	證明說咒	《大悲經》，全名《大悲心陀羅尼經》	唐伽梵達磨譯
無量壽會	《無量壽經》	曹魏康僧鎧譯	燃燈不滅	《賢愚經》	元魏慧覺等譯
佛化醜兒	《百緣經》	吳支謙譯	龍宮說法	《大雲輪請雨經》	唐不空譯
度除糞人	《經律異相》	梁寶唱等撰集	念佛法門	《阿彌陀經》	姚秦鳩摩羅什譯
救度賊人	《經律異相》	梁寶唱等撰集	佛讚地藏	《地藏十輪經》	唐玄奘譯

篇名	原始經典	主要譯者	篇名	原始經典	主要譯者
勝光問法	《勝光經》，全名《佛為勝光天子說王法經》	唐義淨譯	楞伽說經	《楞伽經》，全名《楞伽阿跋多羅寶經》	南朝求那跋陀羅譯
維摩示疾	《維摩詰經》	姚秦鳩摩羅什譯	圓覺總持	《圓覺經》，全名《大方廣圓覺修多羅了義經》	唐罽賓沙門佛陀多羅譯
文殊問疾	《維摩詰經》	姚秦鳩摩羅什譯	楞嚴大定	《楞嚴經》，全名《大佛頂如來密因修證了義諸菩薩萬行首楞嚴經》	唐般刺密帝譯
金鼓懺悔	《金光明經》	北涼曇無讖譯	般若真空	《大般若經》，全名《大般若波羅蜜多經》	唐玄奘譯

第四卷《涅槃》

篇名	原始經典	主要譯者	篇名	原始經典	主要譯者
法華妙典	《妙法蓮華經》	姚秦鳩摩羅什譯	佛救釋種	《長阿含經》	姚秦罽賓沙門佛陀耶舍共竺佛念譯
法傳迦葉	《指月錄》	明瞿汝稷集	為母說法	《楞嚴經》，全名《大摩訶摩耶經》	蕭齊曇景譯
飯王得病	《淨飯王泥洹經》	劉宋沮渠京聲譯	囑累地藏	《地藏菩薩本願經》	唐實叉難陀譯
佛還覲父	《淨飯王泥洹經》	劉宋沮渠京聲譯	最初造像	《造像經》，又稱《造像量度經》，全稱《舍利弗問造像量度經》	達磨多囉和查巴建參共譯
殯送父王	《淨飯王泥洹經》	劉宋沮渠京聲譯	姨母涅槃	《佛母般泥洹經》	劉宋慧簡譯

篇名	原始經典	主要譯者
請佛入滅	《摩訶摩耶經》	蕭齊曇景譯
佛指移石	《涅槃經》（《大般涅槃經》四十卷）	北涼曇無讖譯
囑分舍利	《蓮花面經》	隋那連提耶舍譯
付囑國王	《仁王般若經》	姚秦鳩摩羅什譯
付囑諸天	《蓮花面經》	隋那連提耶舍譯
付囑龍王	《蓮花面經》	隋那連提耶舍譯
請佛住世	《大般涅槃經》	北涼曇無讖譯
天龍悲泣	《蓮花面經》	隋那連提耶舍譯
魔王說咒	《大般泥洹經》	東晉法顯譯
純陀後供	《大般泥洹經》	東晉法顯譯
度須跋陀	《涅槃經後分》	唐若那跋陀羅譯
佛現金剛	《穢跡金剛經》，全名《穢跡金剛說神通大滿陀羅尼法術靈要文經》	唐阿質達霰譯
如來懸記	《法住經》，全名《佛臨涅槃記法住經》	唐玄奘譯
最後垂訓	《長阿含經》	姚秦罽賓沙門佛陀耶舍共竺佛念譯
荼毗法則	《涅槃經後分》	唐若那跋陀羅譯
臨終遺教	《佛遺教經》	後秦鳩摩羅什譯
雙林入滅	《涅槃經後分》	唐若那跋陀羅譯
金剛哀戀	《金剛力士哀戀經》，全名《佛入涅槃密跡金剛力士哀戀經》	前秦（譯者佚失）
佛母得夢	《摩訶摩耶經》	蕭齊曇景譯
昇天報母	《摩訶摩耶經》	蕭齊曇景譯
佛母散華	《摩訶摩耶經》	蕭齊曇景譯
佛從棺起	《摩訶摩耶經》	蕭齊曇景譯
金棺自舉	《涅槃經後分》	唐若那跋陀羅譯
佛現雙足	《處胎經》	後秦竺佛念譯
凡火不然	《涅槃經後分》	唐若那跋陀羅譯
聖火自焚	《涅槃經後分》	唐若那跋陀羅譯
應盡還源	《涅槃經後分》	唐若那跋陀羅譯
均分舍利	《處胎經》	後秦竺佛念譯
結集法藏	《處胎經》	後秦竺佛念譯
育王起塔	《阿育王傳》	西晉安法欽譯
迦葉付法	《付法藏經》	元魏吉迦夜、曇曜譯
雞足入定	《阿育王傳》	西晉安法欽譯
商那受法	《付法藏經》	元魏吉迦夜、曇曜譯
毱多籌筭	《付法藏經》	元魏吉迦夜、曇曜譯

篇名	原始經典	主要譯者	篇名	原始經典	主要譯者
蜜多持幡	《付法藏經》	元魏吉迦夜、曇曜譯	天親造論	《成道記註》	唐道誠撰
馬鳴辭屈	《付法藏經》	元魏吉迦夜、曇曜譯	師子傳法	《付法藏經》	元魏吉迦夜、曇曜譯
龍樹造論	《付法藏經》	元魏吉迦夜、曇曜譯	大法東來	《佛祖統記》	宋釋志磬撰

世間離生滅，猶如虛空花，一切法如幻，遠離於心識，遠離於斷常。
世間恒如夢，知人法無我。煩惱及爾焰，常清淨無相，而興大悲心。
一切無涅槃，無有涅槃佛，無有佛涅槃。遠離覺所覺，若有若無有，
是二悉俱離。牟尼寂靜觀，是則遠離生，是名為不取，今世後世淨。

——《楞伽經》